자연이 주는 행복

natrual happiness

머리말

행복이란?

단순히 기쁘다는 것을 나타내는 것이 아니라 기쁘고 슬프고, 또는 좋고 나쁨을 벗어나는 것이 진정한 행복이다.

그렇다면 자연이 주는 행복이란 무엇인가? 자연과 인간의 본래의 성품인 밝고 맑은 성품으로 되돌아가는 것을 인간의 본래의 성품이라고 할 수 있으며, 그 길을 꾸준하게 걸어갔을 때 행복이라는 길 속에서 자신의 마음을 알아채게 된다.

우리가 사라진다고 하는 것은 우리의 뇌 안에 존재하는 우리의 개성과 정체성, 기억 속에 있는 장소, 시간, 사건들과 관련 있는 것으로부터 빠져 나오는 것을 의미한다.

우리는 우리 자신의 정체성과 개성을 재확인하고 뇌 안에서 만들어져 관련이 맺어진 기억과 관계를 맺고 생활하며, 그 조직 속에 있는 것이 아니다.

현대 과학은 생각이 우리 몸을 약화시키고 심지어는 자살에 이르게 한다고 주장하고 있다. 삶에서 다른 사람들이 나를 어떻게 생각하느냐를 본질적으로 생각하고 있으나 타인의 관심과 생각은 자신의 삶에 미치는 영양에는 특별히 중요한 것은 아니다. 우리들 대부분은 인터넷, 방송, 라디오, 광고, 전광판 등에 너무나 많이 세뇌되어 매혹되어 있다. 그런 환경에 굴복되어 살아가고, 그것이 마치 나의 삶이고 미래의 삶이 되어야 한다고 생각하고 있다.

데이비드 알버트(Dr. David. Albert) 콜롬비아대 교수는 이 모든 외부의 것과 자신의 생각이 짓는 것은 환영과 환상이라고 했다.

우리가 생각하는 우리의 정체성과 개개인의 성질을 벗어날 수 있을 때 우리는 진정한 행복과 자유로움을 만끽할 수 있게 될 것이다.

인성 수련

현대인들은 삶 속에서 자연을 느끼는 인간 본연의 기능인 여러 가지 인체의 기능들이 퇴화되어 가고 있다. 아니 잊혀가도록 우리 스스로가 환경을 만들어가고 있다는 표현이 옳을 것이다. 이러한 사실은 특히 자라나는 어린이들의 현실적인 삶 속에서 잘 투영되어 있다. 생체의 시각적인 발달은 무한히 진화되어 가고 있지만, 다양한 냄새와 피부로 느끼는 감각이나 소리로 사물을 식별하는 기능들은 어느 특정 부분에만 발달이 되어 생체 불균형을 이루게 된다.

생체 불균형의 발달은 또 다른 부작용(학교폭력, 왕따, 우울증, 자살)을 생산하게 되어 청소년의 미래 희망과 사회적인 문제로 이어지고 있다.

이에 대안으로 자연을 가까이하고 숲 속에서 휴선 캠프를 체험하게 되면 교감 능력이 향상되어 오감을 만족하고, 아름다운 감정을 새롭게 정립하는 기회를 갖게 되어, 자신에게 맞는 자존감을 되찾아 내면의 정신세계를 밝고 맑게 해주는 기회가 될 것이다.

삶의 질 향상

인생에서 하루하루의 삶은 서로 다른 기어가 맞닿으면서 돌고 돌아가는 굴레의 반복이다. 기어가 회전하면서 생산되는 부산물인 스트레스라는 물질은 현대인들에게 장애물이 되고 있으며, 특히 30~50대에 이르기까지 생활 속에서 갈등을 유발하는 동기부여를 제공하고 있다.

30~50세의 삶은 나라에 기둥과 같은 역할을 담당하고 매우 중요한 임무를 수행하고 있으므로 스트레스로부터 자유롭고 자신을 재창조(Recreation)할 수 있는 체험 프로그램을 통해서 업무 능률 향상과 삶의 질을 향상시킬 수 있는 방법론을 깨닫게 해주어야 한다.

황혼 행복찾기

인생 60세가 종점이라는 말은 이미 오래전의 말이 되었으며 현대인의 수명은 90세의 정점을 이루고 있다. 그러나 현실적인 사회적 제도는 60세라는 활동적인 제한을 받아 현직에서 2선으로 은퇴라는 굴레의 길을 걷게 된다. 은퇴자들의 첫째 희망은 지속적인 일자리이며, 둘째 희망은 행복을 찾는 순서일 것이다.

일자리 부분은 자연의 공간과 녹색 자원을 통해서 맞춤형 일자리를 찾는 것이 바람직할 것이고, 황혼 행복찾기 운동은 녹색 공간 속에 휴선 캠프 활동을 통해서 자연이 주는 행복이란 의미를 체험하고 깨달아보는 기회가 되었으면 한다.

한국형 브랜드 창조

필자가 말하고자 하는 자연이란 우주와 지구로 분류할 수 있는데, 이 책에서는 지구 속에 포함된 인간들에 삶의 질을 향상시키는 물질작용, 생물작용, 정신작용을 기반으로 하는 한국형 휴선 문화를 창조하고자 한다.

미래 2015~2030년의 시간은 자연이 주는 행복(Natural happiness)의 화두가 대세를 이룰 것이다. 인간의 생활문화 속에 보편적으로 접근하게 되며 녹색 자원들은 융복합화를 활성화하여 6차 산업으로 자리매김을 하게 될 것이다. 따라서 미래의 시장을 예측하고 미래 블루오션산업을 준비하는 지혜를 익혀야 한다. 또한, 자연 공간 속에 놓인 녹색자원들을 에너지화하여 인간의 생활 속으로 이용해서 스트레스 해소 및 정신 안정화를 통한 국민 행복을 위한 서비스 문화산업으로 정책화했으면 하는 바람이다.

이 책은 삶의 질 향상과 행복한 빛을 창조하기 위한 휴선(烋仙) 시스템의 연속편으로 휴선은 기다림(氣茶㤼), 선울림(仙蔚琳), 담체(潭体) 3가지 콘텐츠로 구성이 되어 있는데, 자연이 주는 행복은 휴선 3가지의 콘텐츠를 현장에서 편리하게 활용할 수 있도록 매뉴얼화하였으며 자연 건강 체험 및 휴양(치유) 프로그램을 이용함에 있어 누구나 쉽게 활용이 가능하도록 포괄적인 방법으로 표현하였다.

이 책이 발간되기까지 필자와 인간관계를 맺고 있는 많은 분들의 관심과 격려가 바탕이 되었다. 이 지면을 빌려 머리 숙여 감사의 인사를 전한다.

끝으로 물심양면으로 고행(苦行)을 함께해 온 사단법인 휴선아카데미 임직원과 석경오 교수님, 송순자 선생님께 감사드리며, 휴선체험원 가족들과 책 출간의 기쁨을 함께 나누고 싶다. 또한, 책 출간에 끝까지 많은 배려와 노력을 함께해 주신 북스타의 박정태 사장님과 임직원 여러분께 깊은 감사를 드린다.

2014년 생강나무 꽃이 피어 있는 봄날
백두대간 설악에서 조 명 상

목차

3 참된 행복을 알아채는 담체 기법

1

행복이란?

Natural Happiness

Natural Happiness의 정의

(1) Nature의 어원: 자연+본성

(2) Natural의 뜻: 자연의 본성과 인간 본성, 그 본래의 것

(3) Happiness

　단순히 기쁘다는 것을 나타내는 것이 아니라 기쁘고, 슬프고 또는 좋고 나쁨을 벗어나는 것이 진정한 행복이다.

(4) Natural Happiness

　자연과 인간의 본래에 성품인 밝고 맑은 성품으로 되돌아가는 것이 인간의 본래의 성품이라고 할 수 있다.

2

자연이 주는 행복이란?

(1) 행복이란 관점 1

진정한 행복이란 삶에서 단순히 기쁘다는 것을 나타내는 것이 아니라 기쁘고 슬프고 또는 좋고 나쁨을 벗어나는 것이다. 그렇다면 자연이 주는 행복이란 무엇인가? 자연과 인간의 본래 성품인 밝고 맑은 성품으로 되돌아가는 것을 인간의 본래 성품이라고 할 수 있으며, 그 길을 꾸준하게 걸어갔을 때 행복이라는 길 속에서 자신에 마음을 알아채게 된다.

(2) 행복이란 관점 2

사람은 저마다의 가치관이 다르고 관점도 다르므로 행복이라는 저울 속에는 무게를 측정하는 눈금은 존재하나 행복의 양을 측정할 수 있는 계측기는 존재하지 않는다. 행복이라는 물성은 손으로 잡을 수도 없으며, 가슴속에 담을 수도 없으며, 금고 속에 쌓을 수도 없다. 나무는 오로지 만족 속에서 사랑과 행복을 느끼는 생명체이다. 나무의 생리를 통해서 순행을 익히고 새싹의 향기를 통해서 행복감을 느낄 뿐이다.

(3) 행복이란 관점 3

인간들이 갈구하고자 하는 행복은 물(H_2O)과 같은 물질이다. 물의 성질은 밝고 맑은 성품을 지니고 있으나 마음에서 머무는 시간은 몇 초에 불과하다.

인간들은 행운을 통해서 행복을 잡으려 한다. 그러나 물은 손에 잡히나 손바닥에는 쌓이지 않으며 곧바로 사라진다. 그리고 공기 속에서 바람과 함께 인간들 곁으로 다시 다가온다. 물 분자 속에는 얼굴이 존재한다. 그러므로 행복 속에도 얼굴이 존재하며 양극의 행복과 음극의 행복이 존재한다. 그리고 개인별 사람의 인성에 따라서 선택적으로 행복이 담긴 물질이 다가온다.

3
행복 vs 불행

(1) 왜 불행할까요?

인간 본래의 성품을 보지 못하기 때문에 어리석고, 화내고, 욕심을 내게 된다. 그런 행동을 실행하면 인간은 어떤 느낌을 받게 되는가? 육체적으로는 고통스럽고 정신적으로는 괴롭게 된다.

모든 인간이 어리석고, 화내고, 욕심을 내는 것은 본인의 인식작용에 의해서 나타나는 것이지, 본래 나를 화나게 하고, 어리석게 하고, 욕심을 내게 하는 것은 그 어디에도 없음을 인식하지 못하기 때문이다. 결론적으로 우리 자신이 스스로 도적을 주인으로 삼고 종노릇하는 것과 다를 것 없다.

(2) 어떻게 하면 행복해질 수 있을까?

- 자연과 육체, 그리고 정신이 서로 구분되어 있는 것이 아니라 하나라는 것을 인식한다.

- 정신작용, 생물(생리)의 작용, 물질의 작용에 대한 이론적인 부분을 이해한다.
- 실천적인 부분을 알고 행해야 한다.
- 그리고 그 보배를 얻으면 계속해서 갈고 닦아야 한다. 그렇지 않으면, 그 보배로움이 하나의 단편적인 지식이 되어, 스스로의 자만에 빠지게 되기 때문이다.
- 행복은 스스로 찾을 수 있되, 갈고 닦지 않으면 스스로를 망치는 것이 되기도 한다.
- 자기 알아차림의 과정을 꾸준히 해 나아가면, 아래에 전개된 마음과 육체의 순행과 역행의 원리에 따라 조금씩 나아지게 된다.
- 일상에서 거주하는 방을 며칠 비워두면 먼지가 쌓이듯이, 꾸준히 행하여야 한다.

(3) 행복해지고 싶다면 관찰(觀察) 하라

- 우리는 무언가를 관찰했을 때에 행복감을 느끼게 된다.
- 자신이 행복감을 느끼는 순간에는 언제나 관찰을 하고 있다.
- 행복을 느끼는 순간, 내가 지금 무엇을 관찰하고 있었는지를 생각해 보아야 한다. 또한, 행복해지기 위해 앞으로 무엇을 관찰할 것인가를 생각한다.

(4) 행복하게 되면 어떻게 되나요?

① 어떤 일이든 다만 할 뿐이고, 어떠한 결과든 겸허하게 받아들일 뿐이고, 다만 감사할 따름이다.

② 몸과 마음의 괴로움, 고통, 그리고 어리석음으로부터 벗어날 수 있다.

③ 삶과 죽음에 대한 구분도 사라지게 된다. 다만, 어떠한 순간순간에 집중하며 살아가게 된다.

④ 샘솟는 지혜로움의 싹이 조금씩 자라난다.

⑤ 모든 것을 열거할 수는 없지만, 더 바라는 마음도 구하는 마음과 없이, 다만 청정하고 또렷할 뿐이다.

⑥ 우리의 모든 삶은 관계 속에서 발생된다. 관계의 본래가 청정함을 알게 되니 가족 간의 관계, 사회 간의 관계 등등 모든 관계 속에서 청정할 수 있게 된다.

4
행복으로 가는 길

행복으로 가는 길은 나를 변화시키는 것이지, 남을 변화시키는 것이 아니다. 내가 먼저 바뀌고 나면 주변이 조금씩 바뀌어 간다. 세상에는 네 가지 부류의 사람이 있다.

① 주변 환경이 주인이 되고 자신은 종노릇하는 사람

외부 환경의 자극에 따라서 반응하는 사람을 말하며, 자신의 개성과 주관이 없고 직장에서 업무를 실행할 때 계획표에 의해서만 실행을 옮기는 사람을 말한다.

② 마음이 내키지 않는 곳을 피하는 사람

어물전 냄새가 싫어서 피하는 사람과 같다. 하지만 마음에 어물전의 냄새가 싫다고 사로잡혀 있으니, 이 또한 하수라 볼 수 있다.

③ 주변의 상황에는 아랑곳하지 않고 자신만을 오롯이 세우는 사람

어떠한 환경에서도 주변 환경에는 물들지 않지만, '나'라는 생각에 꼭 잡혀 있으니 하수는 아니더라도, 중간 수 정도는 된다.

④ 그 주변의 상황을 조금씩 물들여 마침내 자신의 내음으로 변화시켜 가는 사람

어떠한 환경에 가더라도, 밝고 맑음으로 주변의 사람들을 조금씩 조금씩 밝게 하고, 주변 환경을 조금씩 조금씩 변화시켜 마침내 주변의 사람들마저 지혜롭게 바꾸어가는 사람을 말한다. 이 중에서 가장 상수의 모습이라 할 수 있다.

이와 같이 행복한 삶을 추구하는 출발점은 자신으로부터 시작된다. 그렇지만 진정한 행복의 결과는 반드시 주변과의 어우러짐과 모두의 것으로 되돌아가게 된다. 행복은 나만의 것이라는 생각이 아니라, 행복은 자신이 먼저 변화하는 과정에서 비롯된다는 것을 마음속에 새겨야 할 것이다. 그러므로 나는 나를 중심으로 마음속에서 행복감을 느끼게 된다.

5

현재의 행복과 미래의 행복

① 어떤 사람들은 더 나은 삶을 위해 현재의 고통을 감수하고 노력을 더 많이 해야 한다고 말한다. 그 미래의 삶의 질이 더 큰 행복을 가져다 줄 것이라고 말이다.

② 어떤 사람들은 그러한 사고가 끊임없이 만족하지 못하고 현재를 불행하게 만들어 가므로, 욕심을 버리고 현재의 생활에 만족하며 충실하게 살아가라고 말을 한다.

위의 두 가지 이야기는 서로 상충되어 보인다. 도대체 어느 말에 장단을 맞춰야 할까? 미래의 행복을 위해서 살아갈 것인가? 아니면 현재의 행복을 위해서 살아갈 것인가? 바른 생각을 가진 사람이라면 미래와 현재 모두를 행복하게 만드는 것이 최고일 것이다. 그렇다면 그에 해법으로 방법은 무엇이 있을까?

그 문제의 해법으로는 자신이 느끼는 재미 속에 정답이 담겨 있다. 미래 커다란 행복을 주는 목표를 향해 길을 걸어가도 그 과정 또한 작은 행복을 주는 것과 같다. 작은 행복을 위해 먼저 해야 할 것은 내가 어떤 것을 좋아하는지를 관찰하는 일이다. 즉 내가 좋아하는 감정을 느끼는 것이 행복을 관찰하는 것이다.

사람마다 좋아하고 행복을 느끼는 감도가 다르다. 그 때문에 자기 자신이 무엇을 좋아하는지, 어떨 때 행복한지, 어떨 때 재미를 느끼는지를 먼저 분석을 해야 한다. 사람마다 유난히 좋아하고 하고 싶은 것들이 있을 것이다. 필자의 경우에는 자연 속에서 미지의 세계를 상상하며 새로운 창작품을 만들고 완성했을 때 행복감을 느낀다. 또한, 남들에게 인정받을 때가 기분이 좋고, 자주 웃으며 남들을 즐겁게 만들 때 기분이 좋고 행복하다. 또한, 남들의 생각에 따라가거나 지시를 받기보다는 능동적으로 생각하고 자율적으로 행동하는 것을 좋아한다. 이런 자신이 좋아하는 성향을 파악하는 것이다.

개인의 성향 파악은 행복의 목표를 정할 때 필수사항이며, 목표를 향한 과정 또는 수단에 있어서도 매우 중요한 역할을 해준다. 그 이유는 각각의 역할들이 좋은 보상이 되어주기 때문이다. 다람쥐는 잡식성 동물에 속하며 먹거리 욕심이 매우 많다. 눈앞에 먹거리가 포착되면 먹이를 정신없이 먹어치운다. 그래서 농촌에서는 다람쥐를 도둑으로 인정하며 농장 주인과 쫓고 쫓기는 술래잡기를 한바탕 치르곤 한다.

어느 날 농장 주인이 다람쥐를 잡으려는 생각 끝에 덫을 놓기로 결정한다. 농장 주인은 다람쥐가 좋아하는 옥수수, 잣, 열매 등을 쥐틀에 넣고 유혹을 하는데, 3시간이 조금 지났을까 다람쥐는 먹이를 먹으려고 쥐틀로 들어갔다. 쥐틀에서 먹이를 먹는 순간은 기분이 좋고 행복하겠지만, 짧은 순간에 돌아올 수 없는 길을 걷게 되며 곧바로 자신의 몸은 잡히고 만다. 과연 이 다람쥐는 행복할까?

당나귀의 성향을 비유하자면, 당나귀는 맛이 있는 당근을 좋아한다. 당나귀에 짐을 싣고 여행을 가는데 목적지에 도착하면 당근을 푸짐하게 준다. 그러나 가는 도중에는 당근은 없다. 채찍만 가혹하게 때릴 뿐이다. 당나귀는 목적지에 꼭 도착한다는 보장도 없다. 과연 이 당나귀는 행복할까?

목표를 향해 가는 과정 자체가 재미있어야 한다. 이것이 자체의 재미이다. 삶에서 자신이 설정한 목표에 도달하는 방법은 여러 가지의 경로가 있을 것이다. 그중에서도 내가 가장 좋아하는 방법을 택해야 한다. 그 결과 보상은 좋은 피드백을 주기 때문에 좋아하는 방법이 곧 최고의 방법이라고 생각한다.

또한, 경험자들이 말하기를 자신은 이렇게 해서 성공을 했다고 말하지만, 정작 뒤에서 따라하는 사람들은 그대로 한다고 잘 되리란 법이 없다. 이유는 사람마다 좋아하는 것이 다르고 자극을 받는 감도가 다르기 때문이다. 이 과정에서 어떤 사람에게는 동력이 될 것이고 어떤 사람들에게는 걸림돌이 되기도 한다. 그것은 그 사람마다의 성향 때문이다. 따라서 자신이 무엇을 좋아하는지를 먼저 관찰하여 자신에게 맞는 기호 파악이 우선이라고 생각한다. 그리고 자신이 진정으로 좋아하는 방법을 택한다면 행복으로 가는 과정도 즐겁고 목표를 달성할 확률도 높아지게 된다. 이것이 바로 현재와 미래를 모두 행복하게 만드는 방법 중의 하나가 될 것이다.

2

행복으로
가는 길 6단계

Natural Happiness

1

행복으로 가는 길 1단계
: 기다림(氣茶淋)의 맛(味)

인간의 첫 번째 욕구로서 육신의 여섯 가지 욕구의 안정을 이루고자 하는 단계이다. 가장 원시적이고 가장 낮은 단계의 욕구로 인간의 생활에 가장 기본이 되는 의식주와 관계있다. 공기, 물, 음식, 수면, 신체적 접촉 등을 통하여 생명을 유지하고 신체적 균형을 유지하려고 하며 기본적인 생리 욕구를 이루고자 하는 마음의 작용을 말한다. 인간으로서 가장 원초적이며, 생명체로서 기초 생리적인 행위를 몇 가지만 나열해 본다.

● 인간의 욕구 중의 하나가 숨을 쉬는 행위이다. 그 때문에 사람들은 누구나 맑은 공기를 마시고 싶다는 욕구적인 바람이 있다.

● 인간의 욕구 중의 하나가 물을 마시는 행위이다. 그 때문에 사람들은 누구나 맑은 물을 마시고 싶다는 욕구적인 바람이 있다.

● 인간의 욕구 중의 하나가 음식을 섭생하는 행위이다. 그 때문에 사람들은 누구나 자연산음식 재료로 만든 건강 음식을 섭취하고 싶다는 욕구적인 바람이 있다.

● 인간의 욕구 중의 하나가 생리적인 배설 행위이다. 그 때문에 사람들은 누구나 소변과 대변과 가스와 땀을 잘 배출해야 한다는 욕구적인 바람이 있다.

● 인간의 욕구 중의 하나가 잠을 편안하게 잘 자는 행위이다. 그 때문에 사람들은 누구나 쾌적한 침대에서 쾌면과 동시에 개인의 사생활을 누리고자 하는 욕구적인 바람이 있다.

이 밖에도 인간의 생활 속에는 문화, 예술, 교육 등 기본적으로 갖추어야 할 생리적인 욕구가 많이 있다.

필자는 한계령 자락 매봉 남쪽 산자락에 살고 있다. 연구실 옆에 2층 정자가 있고, 정자 주변에는 잣나무와 소나무가 병풍처럼 사면을 둘러싸고 있다. 정자에 앉아 있으면 피톤치드의 향기와 신선한 에너지를 풍요롭게 마시면서 자연의 신비로움을 몸으로 체험하게 된다. 또한, 필자는 정자에서 매일 아침 1시간씩 명상 수련을 하고, 동시에 자연에 놓인 물질들의 생리작용을 연구하고 있다.

기다림의 공간

미래 세계로 전진을 향한 기다림

기다림 속에는 꿈과 희망과 미래의 세계가 있다.

기다림의 세계에는 녹색 성장의 기반이 되는

기능성의 자원들이 우리를 기다리고 있다.

기다림은 자연을 통하여

우리에게 깨달음의 기회를 제공한다.

맑은 공기[氣]

맑은 물[茶]

맑은 숲[硛]을 통한

자아의 실체와 가치를 새롭게 찾게 하고

삶의 질을 풍요롭게 하는 소통의 길을 열어준다.

기대 속에

기다림의 수련은

성공과 함께 스스로에게 행복을 선물할 것이다.

　인간은 자연의 한 조각이다. 그렇다, 내 몸 또한 자연이다. 자연이 이러한데 어리석은 사람은 어리석은 마음에만 집착하게 된다. 이 세상에 존재하는 만물은 변하지 않는 것은 하나도 없다. 우리 몸도 그러하다. 우리 몸의 세포는 생리적으로 끊임없이 변화를 요구하고 있다.

　분자생물학에서 밝힌 세포의 교체 주기를 살펴보면, 취장의 세포는 24시간마다 새롭게 바뀌고, 위장은 3일마다 위벽의 새로운 내피를 얻는다. 백혈구는 10일마다 교체되고, 우리 몸의 지방조직은 3주기마다 새로워진다. 뇌의 단백질은 98%가 한 달마다 바뀌고, 피부는 5주마다 새로 태어난다. 단단한 두개골조차 석 달이 지나면 완전히 새로워진다. 자신의 생체는 외형적으로는 똑같아 보이지만 우리 몸에는 늘 바람 같은 새로운 기운과 샘물 같은 맑은 물이 선순환을 하면서 흐르고 있다.

우주에는 태양이, 지구에는 물이 존재한다. 태양과 물에 담겨 있는 기능들을 잘 조화시켜 삶의 지혜로 활용하는 기회를 가져보자. 이 느낌 체험은 정자(쉼터)에서 휴선 무(舞) 12기법을 실행하게 되면 몸과 마음으로 감성을 인지하게 된다. 보이는 눈, 들리는 귀로 태양과 물소리와 바람을 느껴본다. 그리고 태양 빛을 받아들여 가슴을 따뜻하게 녹인다. 태양과 물과 바람소리는 가슴 깊은 곳까지 녹인다. 신선한 숨과 함께 태양 빛을 밑으로 끌어내려 아랫배를 천천히 데운다. 그리고 눈을 감고 흘러가는 시냇물 소리에 귀 기울여본다. 집중하면 소리가 훨씬 커지는 것을 느낄 수 있으며 동시에 물소리가 감성적인 에너지로 바뀌게 되는 과정을 알게 된다.

이어서 감성적인 에너지들을 몸 안으로 흘려보낸다. 병든 몸과 마음을 깨끗하게 씻어 내리도록 세포 깊숙이 그 소리를 녹음한다. 감성적인 에너지들이 몸속에서 선순환하게 되면 세포들은 물소리를 타고 몸이 커졌다가 작아졌다가 한다. 그리고 자연의 소중함과 함께 몸과 마음을 깨끗하게 정화시켜 본다. 이어서 좌정을 하고 앞에 보이는 대상물 적송(赤松)을 두고 물질의 작용과 식물의 의식에 관하여 교감을 해본다.

식물들은 의식이 있는가? 매일 아침마다 적송에게 질문을 던져본다. 식물들의 의식은 기후에 따라서 영향을 미친다. 비가 내리는 날 솔잎을 바라보아라. 솔잎 끝 부분에 작은 구슬들이 맺혀있다. 참으로 신비로우며 아름다움 그 자체이다. 필자는 솔잎 끝에 맺힌 작은 구슬들이 적송의

의식이라고 생각한다. 구슬방울의 영롱한 빛과 구슬이 떨어지는 소리는
의식(意識)의 이론을 뒷받침해주는 광경이고, 자연이 주는 선물이며 깨
달음의 과정이기도하다. 그리고 이 모든 의식은 물질과 물질에 우선한다
는 것을 알 수가 있다. 우리들의 내면에 잠재된 집단의식은 하나의 물질
에만 영향을 미칠 뿐 아니라 물질세계 전체적으로 질을 창조한다. 그러
므로 개개인의 의식의 질이 창조물의 질을 결정하게 된다. 결과적으로
동물과 식물들은 생리적인 현상을 통해서 의식을 향상하며 진화를 거듭
해 가고 있다.

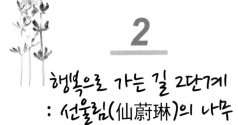

행복으로 가는 길 2단계
: 선울림(仙蔚琳)의 나무

인간의 두 번째 욕구로서, 신체적인 위협이나 심리적인 불확실성에서 벗어나 정신적으로 만족을 이루고자 하는 단계이다. 정서적, 물질적 안정과 추위나 질병, 사고, 위험 등으로부터 자신을 보호하려는 욕구이며 권력욕, 명예욕, 금전욕 등등 일련의 정신적 작용을 이루고자 하는 단계로 자기가 바라는 바를 이루고자 하는 것을 말하는 것으로써, 일명 소유욕의 욕구이다.

(1) 권력욕

권력은 속성상 절대 나눌 수 없는 것이며, 권력은 신적인 존재이다. 신의 속성 중 하나는 유일성이다. 오직 하나라는 것이다. 권력의 숭배는 결국 자신을 신으로 만드는 작업이며 자신 외에 그 어떤 것도 인정하지 않는다는 뜻이다. 덴마크의 철학자 키르케고르는 이렇게 말했다.

"한 숭배자가 단순히 남을 인정하는 것만으로는 행복해질 수 없을 것 같아서 자신이 숭배하는 것을 질투하기로 했다. 그 결과 그는 별개의 언어를 사용하기 시작했다. 그가 진정으로 숭배하는 것을 그는 멍청하다거나 지루하다거나 괴상하다는 식으로 말했다. 권력을 위한 숭배는 행복한 자기 굴복이며, 질투는 불행한 자기주장이다."

(2) 명예욕

명예욕이 너무 강하게 작용할 경우 병을 불러올 수 있다. 오욕 중에 명예욕은 화에 속한다. 명예욕이라는 것은 주변 사람이 자신의 능력, 재산, 권력, 학문, 나이 등 우월한 조건을 근거로 인정해 주기를 바라는 욕심이다. 그러기 위해서는 자신이 가진 풍부한 요소를 과시하고자 하는 시도가 있어야 할 것이며, 비교해서 이겨야 할 필요가 있으며 힘을 발휘하여 자신의 뜻대로 장악하고 싶은 욕구가 있어야 한다. 명예욕에는 권력도 해당되고 학문적 성취욕도 해당되며, 능력 싸움을 해서 이기고 싶은 승부욕도 여기에 해당된다.

(3) 금전욕

1960년대를 전후하여 봄이 되면 '보릿고개'라는 어려움을 겪던 시절이 있었다. 그래도 그때는 이웃 간에 정이 있었고 가족 간에도 행복했던 것 같다. 그 시절에는 그저 배만 부르기만 해도 행복했던 이 사회가 어느새 돈이 아니면 고개를 가로젓는 사회로 변해버렸다. 물론 돈은 많을수록 좋을 것이다. 돈을 싫어하는 사람이 있을까? 부정할 수 없는 사실이기에 필자는 더욱더 슬픔이 느껴진다.

우리나라가 경제 강국으로 발돋움했음에도 불구하고 국민행복지수는 바닥에서 머물고 있는 이유 중 하나가 돈이라는 것 때문에 사람들이 이렇게 이기적이고 배타적인 성향이 짙어지는 것 같다. 돈에 대해 욕심이 많은 것이 무슨 죄냐고 반문한다면, 물론 죄는 아니다. 그렇지만 돈에 욕심이 많으면서 남을 위해서는 절대로 지갑을 열지 않는 몇몇 부류들 때문에 사회는 빈부의 격차가 더욱 벌어지게 된다. 사람으로서 돈에 욕심이 많다는 것은 충분히 장점이 될 수가 있다. 하지만 인간은 돈에 욕심만 있을 뿐, 배가 부르면 충족할 줄 아는 자연의 동물보다 못하다고 필자는 생각한다. 돈은 모으면 모을수록 결국엔 충족되지 않는 욕심만 불어나는 꼴이 된다.

(4) 소유욕

인간의 욕심 중에 하나인 소유욕에 대한 이야기를 하고자 한다. 소유욕을 풀어서 말하자면 가지고 싶은 욕심이나 욕구라고 정의해 본다. 세상을 살아가면서 사람들은 대단히 많은 소유욕을 느끼고 그것에 빠져 정신을 놓아버리는 경우가 있다. 소유욕을 나열해 보면 가장 많은 것이 재물과 이성이 아닐까 하는 생각이 든다. 소유하고 싶지만 과하면 탈이 나거나 파멸에 이를 수도 있다. 물론 필자도 인간이기에 소유욕에 대한 지독한 갈망을 하기도 한다. 소유욕이란 백사장에 놓인 모래 알갱이와 같으며 그릇에 담을 수는 있어도 손바닥으로는 담을 수가 없다.

바닷가 백사장에 아주 고운 모래라는 소유욕의 물질이 있다. 손으로 모래라는 소유욕을 한 움큼 쥐어 본다. 실행을 할 때 한 손이나 양손을 사용해도 좋다. 모래를 쥔 상태에서 그대로 서 있으면, 이윽고 모래라는 소유욕이 손가락 사이의 틈새로 흘러내린다. 손을 펴보면, 모래라는 소유욕이 아주 조금 남아 있는 것을 보게 된다. 자신의 그릇 속에 담기는 물질 중에 내 것이 아닌 것은 언제든지 이렇게 자신의 뜻과는 달리 오래 머물지 못한다. 만약에 내 것으로 되기를 간절히 원한다면 모래라는 소유욕을 담을 수 있는 틈이 없는 적당한 크기의 그릇을 손바닥 위에 준비하고 모래를 담아야 할 것이다. 손바닥 위의 그릇에는 흘러내리지 않고 적당한 양의 모래라는 소유욕이 담겨져 있을 것이다.

　소유욕을 담기 위한 그릇을 준비하는 결정과 실행은 오로지 자기 자신의 판단에서 비롯된다.

(5) 안정감(균형)

　사람의 본성은 몸과 마음으로부터 안정감(균형)을 이루는 것이다. 지금 세계적으로 녹색 환경은 균형을 잃어가고 있으며 균형 찾기 해법을 통한 안정감을 찾으려는 모습들이 여기저기에서 보이고 있다. 또한, 자연환경뿐만 아니라 인간들의 삶의 모습도 녹녹지 않아 보인다. 사회적으로 많은 사람은 자신의 삶이 불균형을 이루고 있다고 생각하며 균형을 찾기 위한 지혜를 모으고 있다. 세상의 외적인 힘들이 내 주변에 머물면서 시계추처럼 오락가락하는 것을 보면 내가 나의 중심에 서서 안정을 유지하는 것이 균형을 되찾는 길임을 깨닫게 된다. 그것은 의견이나 감정 또는 반응이 극단으로 가지 않도록 전환하는 것을 의미하기도 한다. 동시에 자신의 내면에 정신적인 투자를 통해 바른 길을 위한 출구의 활로로 이용을 하는 것이 바람직하다.

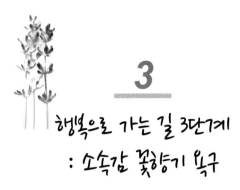

3

행복으로 가는 길 3단계
: 소속감 꽃향기 욕구

인간의 세 번째 욕구로서 관계에 대한 바람을 나타내는 단계이다. 생리적인 것과 정신적인 것의 안정을 이루고 나서는 자기 자신 안에서 발생하는 욕구가 아니라, 관계 속에서의 욕구를 이루고자 하는 것을 말한다. 상급자와 하급자, 사장과 직원, 남편과 아내, 아버지와 아들 등 일련의 관계 속에서 자기가 우위를 지니고자 하는 안정감과 우위성을 지니고자 하는 욕구이다. 또한, 인간관계에 관련된 욕구로 어디에 소속되어 애정을 주고받으려고 하는 욕구이며, 친밀감·배려·재미·즐거움·사랑·애정·관심·호감·우정·나눔 신뢰 등에 관한 욕구를 말하기도 한다.

소속감은 개인이 지니고 있는 향기의 집합체이다. 그러므로 사람들은 각자 개성적인 향기를 지니고 있다. 그리고 그 향기를 잃지 않으려고 무단히 애를 쓴다. 인간 속에 담겨 있는 향기는 바람과 같아서 잠깐 스쳐 지나 간다. 그러나 나무들이 지니고 있는 향기는 오랜 시간 동안 변함없이 간직하면서 자연스럽게 표현을 한다.

몇십 년 전까지만 해도 마을과 도시에서는 강한 공동체 의식이 존재했다. 그 영향으로 자신은 혼자이고 소외되었다고 느끼는 사람은 별로 없었다. 하지만 지금은 개인 생활이 일상화된 탓에 소외감과 외로움을 느끼는 사람들이 증가하고 있다.

소속감 중에서 남편과 아내 사이에서 부부라는 관계적인 규칙이 존재한다. 사람이 아무리 영특하고 창의적인 존재라고 하나 혼자 살아가기에는 부족함이 너무 많다. 신은 그러한 인간이 너무 외롭고 안쓰러워 보여 짝을 이루게 하여 부부란 이름으로 살게 했다. 부부에게는 각각의 역할이 있는데 그 역할을 통해 아름다운 삶을 만들어 간다. 그 속에서 인간의 가치와 행복을 추구하고 의무와 권리를 통해 진정성을 찾는 일이 삶의 목적이며, 그 목적을 위해 함께 살아가는 것이 부부이다. 부부는 가장 고귀하고 아름다우며 자연이 주는 선물 중에서도 가장 최고의 선물이라고 생각한다. 이토록 소중한 만남을 이룬 남편과 아내가 더 나은 내일의 삶을 살아가기 위해서는 많은 노력이 필요하다. 세상에는 그 어느 것 하나라도 그냥 이루어지는 것이 없으며 모든 일의 결과에는 필히 거기에 따른 노력이 뒤따르는 법이기 때문이다.

멋진 생애 혹자 인생으로 살아라. 스스로 자격이 있고 잘났다고 생각하면 그 순간부터 공로주의가 되고 만다. 나는 당연히 대접받아야 하고 만일 그렇지 못하면 불행하다고 생각한다. 부부간에도 마찬가지다. 나는 잘났는데 상대방이 못났다고 생각하는 사람이 있다. 불쌍한 사람이며, 평생 적자 인생으로 살아가게 된다. 항상 나는 부족한 사람인데 배우자가 덕분에 산다고 생각해야 혹자 인생이며 아름다운 삶을 살아가게 된다.

나무들은 아름다운 숲을 이룰 때 스스로 참여한다. 사람들은 자신의 소속감을 스스로 개척하며 창조한다. 마음속으로 내가 남들과 다르다거나 남들보다 못하다는 생각을 하며 나 자신을 고립시킬 때 나는 그 집단에 대한 소속감을 상실하게 된다. 이것이 나를 스스로 고립시키는 장애의 술수이다. 그러나 남들은 각자 나름대로의 장단점을 가진 나의 형제자매로 볼 때 나는 다시 따뜻한 소속감을 느낄 수 있다.

4

행복으로 가는 길 4단계
: 자존감 삼원색 욕구

인간의 네 번째 욕구로서, 인간의 실존적인 질문을 하게 되는 단계이다. 지금까지의 욕구가 채워졌음에도, 항상 마음 한구석이 허전하고 외로움을 느끼게 된다. 다른 사람으로부터 자신의 능력에 대하여 인정받고, 존경받고 싶어 하는 욕구이며 공헌, 기여 유능감, 명예나 권력을 누리려고 하는 욕구로 존중의 욕구가 충족되면 자신감과 자부심을 갖지만 존중의 욕구가 충족되지 못하면 열등감과 무력감에 빠질 수 있다. 이 단계에서 많은 사람들이 방황하고 힘들어 하는 단계이다.

나의 본체의 자존감을 만들어가는 과정에서 생체의 에너지를 사용할 때 두 가지의 삼원색 통로를 이용하게 된다. 그 두 가지의 삼원색 통로 속에는 마음과 경계가 존재하며 마음과 경계가 온전히 존재할 때 나는 본체의 자존감으로서 나에게 하나의 선물이 되어 준다. 그리고 어떤 상황 속에서도 내가 온전히 임하고 대처할 때 내 관심과 본체의 에너지는 내가 필요한 그 순간 그 상황에서 최고의 자존감을 지킬 수 있다. 그때 나의 최고는 남들에게 가장 양질의 유익을 주는 선물로 작용하게 된다.

(1) 자존감 형성과 변화

자존감은 어린 시절에 기틀을 마련하지만, 성장 이후 사회생활 경험에 따라서 변화한다.

(2) 부모와 관계

어린 시절, 부모와 관계는 어린아이의 자존감 형성에 큰 영향을 준다. 부모의 가치관이나 관계 속에서 배움을 통해 이루어진다. 이로 인해 부모는 자신의 자존감을 그대로 자식에게 대물림하게 되며 어린 시절 형성된 자존감은 성인이 되어서도 영향을 미친다.

(3) 이 세상에 '나'라는 존재는 하나다

이 넓은 우주에 지구라는 행성에서 인간으로 태어날 확률이 얼마나 될까? 또한, 나란 존재는 수많은 사람과 구별되는 단 한 명의 사람이다. 나는 나로서 존재할 때 가치가 있는 것이다. 나란 사람에 대해서 과소평가하지 말고 자부심을 갖자. 스스로 고귀하다고 생각할 줄 알아야 된다. 자기 자신을 사랑하지 못한다면 다른 사람을 사랑하지 못한다. 나 스스로 사랑하지 못하면서 어떻게 다른 사람의 아픔과 고뇌를 이해할 수 없는 이치와 마찬가지이다. 이 세상에 나라는 존재가 단 하나란 생각을 한다면 자존감을 높이는 데 많은 도움이 될 것이다.

(4) 자존감의 차이가 만드는 삶의 방식

우리는 자라는 내내 나의 생각보다 타인의 말을 잘 듣도록 교육받아 왔고, 세상의 이목을 더 중시하는 삶을 살았다. 더구나 사람의 가치가 개인의 직능, 신체적 매력, 교육, 재력, 권력 그리고 성취도에 따라 좌우된다고 생각하는 자본주의 사회에서 살고 있는 우리는 비교 의식에 따라 자존감이 낮아지는 삶을 살게 된다. 자존심은 높지만 자존감은 상대적으로 낮은 삶의 방식 말이다.

인간은 누구나 한 번쯤 미래를 향한 출발점에서 방황이라는 굴레를 맞이하게 된다. 인간은 왜 미래를 향한 출발점에서 고민을 하면서 괴로워할까? 이성을 가진 사람이기 때문에 자기 자존감과 자존심을 놓고 저울질을 하게 되는데, 대상자들의 나이는 성인들 누구나 포함된다. 20대의 대학생에서부터 50대의 장년층에 이르기까지 자존감이라는 생존의 법칙을 익히는데 그 근본이 있으며, 방법론에서 사회적 도덕과 생활과학 등을 결합한 지혜를 학습하는 과정을 말한다. 자존감의 실체는 삶의 질 향상을 위한 미래의 방향성 때문에 존재하며 자신에 미래 삶의 안전성을 위해 경쟁의 기법을 익히게 된다.

특히 우리의 인간이 추구하는 미래의 삶은 경쟁이 아니라 공존과 상생을 해야 함은 물론이다. 공존과 상생을 하려면 먼저 자기 자신을 낮추고 비워야 하며 모든 생명을 존중하고 사랑해야 한다. 우리 모두가 공존, 상생하는 정신을 가지고 살아간다면 이 세상은 보다 아름다운 세상이 될 것이다. 그러면 모든 생명체들이 자존감을 높이고 행복감을 느끼게 될 것이다.

5

행복으로 가는 길 5단계
: 담체 자아 그릇 욕구

인간의 다섯 번째 욕구로서, 공허한 부분의 마음과 상처받은 마음을 채우고 비워가고자 하는 단계이다. 자아실현의 특성 중 하나는 자신의 잠재력을 발휘하고 창조적으로 자기의 가능성을 성취하려는 욕구로써 도전, 성취, 목표, 가르침, 발견, 학습, 생산, 성장, 지적 욕구 등 타인의 자아실현을 돕고 싶은 자기 초월의 욕구도 포함되어 있다. 위와 같은 실존의 문제를 해결하는 방법으로서, 자기의 육신과 정신을 지혜로움으로 채우고자 하는 욕구이며 자아실현의 첫걸음이기도 하다. 또한, 온전한 나의 육신과 정신의 무한한 행복을 이루는 단계이며, 나쁘다 또는 좋다, 그렇다 또는 그렇지 않다는 분별심을 벗어나 나의 온전한 행복의 상태를 이루고자 하는 마음이 담겨 있다.

자아실현은 한 개인이 그가 고유한 인간으로 실현할 수 있는 잠재 가능성을 최대한으로 수용하고 표현한 상태를 도달하려고 하는 일반적인 욕구가 있다. 그럼에도 불구하고 그 욕구는 다른 욕구에 비해서 우선순위가 낮기 때문에 자칫 그것을 만족시키기 어렵고 그만큼 이 욕구가 무시되거나 그 만족이 좌절된 개인은 그의 본질에서 이탈한 병적인 상태에 머물게 된다. 이 점에 비추어서 자아실현은 가장 건강한 인간의 실상으로 볼 수 있다. 자아실현은 개인이 지니고 있는 소질과 역량을 스스로 찾아내어 그것을 충분히 발휘하고 계발하여 자기가 목적한 이상을 실현하는 것이며, 자아실현관은 철학적, 사회학적, 심리학적 견지에서 제각기 다른 의견을 표출한다.

이에 대해 아리스토텔레스는 목적적 존재로서 인간이 잠재력과 가능성을 최대한 유감없이 발휘하는 것을 자아실현이라고 보았다. 미국의 심리학자 매슬로우(Maslow)는 자아실현은 오직 1% 정도의 사람만이 성취한다고 봤다.

(1) 대부분의 사람이 자아실현을 못 하는 이유

① 잠재력에 대한 존재와 자신의 잠재력을 인식하지 못한다.
② 자신의 능력을 의심하고 두려워하는 경향으로 인해 자아실현을 할 수 있는 기회를 놓친다.
③ 사회적 환경이 생존적 경향의 욕구 충족에 위험 요소로 작용하여 자아실현 욕구 표출을 억제한다.
④ 안전에 대한 욕구에 안주하는 경향으로 인해 자아실현 욕구를 충족시키려는 동기가 유발되지 않는다.

(2) 자아실현을 한 사람의 특징

① 현실을 효율적으로 지각하고 불확실성을 참아낼 수 있다.
② 자기 자신과 타인들을 있는 그대로 받아들인다.

③ 사고와 행동에 자발성이 있다.

④ 자기중심적이라기보다는 문제 중심적이다.

⑤ 좋은 유머 감각이 있다.

⑥ 매우 독창적이다

(3) 담체(潭体) 자아 그릇 창작

우주의 기운을 받고 모태로부터 인간이라는 한 생명체가 탄생할 때 사주팔자가 담겨 있는 그릇을 선물로 받는다. 만물의 영장으로 이 세상에 태어난 우리는 혼신의 힘을 다해 명품 그릇을 창작해야 할 것이다. 그릇의 크기는 공부와 노력 여하에 따라 달라진다. 사람은 누구나 자신만의 독특한 그릇을 만들고 싶어 한다. 자아실현은 자신의 그릇에 관한 목표를 설정하고 만드는 과정에서 완성의 단계라고 생각하면 된다. 자아실현 단계에서 성공이라는 기준점이 존재한다. 왜 그릇의 크기와 담고자 하는 물질의 종류를 자기 스스로 결정해야 하는 단계이기 때문이다. 그래서 이 시기에는 고뇌와 번뇌가 수반되는 결정적인 시기이기도 하다.

그릇의 창작을 위한 성공의 기준은 사람마다 다르다. 대다수의 사람들은 성공의 기준으로 돈, 명예, 권력을 우선순위로 생각하지만, 그 목표점은 끝이 없다. 어디까지 이르러야 성공을 했다는 것인지 알 수 없다. 성공의 3가지 요소를 모두 이루었다 해도 이 세상을 떠날 때는 아쉬운 게 있기 마련이고, 인생에서 진정한 성공이라고 볼 수 없다. 그 사람이 정말로 성공했는지는 죽을 때 비로소 알 수 있다. 그 사람이 이 세상에서 무슨 일을 했던지, 그리고 모아놓은 재산과 사회적 지위에 관계없이 자신의 삶을 마감할 때 후회 없는 삶을 살았다고 생각한다면 그 사람은 성공한 사람이라고 생각한다. 다시 말하면 자신이 생각한 삶을 자신의 삶의 방식대로 충실히 살았다고 생각한 사람이 성공한 사람이다.

사회생활 중에는 대인관계를 많이 하게 된다. 대인관계에서 첫인상은 상대방으로 하여금 매우 중요한 기억에 남게 한다. 나의 얼굴에는 어떠한 글씨와 내용이 담겨 있는지 하루에 한 번쯤 아니 열 번이라도 거울을 바라보는 습관을 길러야 한다. 거울을 바라보는 습관 속에서 거울 속에 담겨 있는 나의 표정을 관찰해 보자. 나는 거울 속에 있는 나를 바라보면서 너는 누구이고, 지금 어떤 생각을 하고 있고, 나의 표정은 사회로 하여금 무엇을 바라고 있는가에 질문을 던져볼 필요가 있다.

(4) 담체(비움과 채움)

더 많이 가질수록 나의 만족은 더 작아진다. 더 많은 것을 얻고 소유하면 더 행복해질 거라는 생각은 허상이다. 더 많은 것을 가질 때 오히려 더 평화롭지 못하고 더 불만스러울 수가 있다. 소유물들은 그것을 돌보는데 내 생각과 시간과 돈을 더 많이 들이게 만드는 덫이 되기 쉽고 안전과 손실의 우려를 낳기도 한다. 마음으로부터 깊은 충족감은 형태로 경험되는 것이며, 진정한 행복은 내가 정신적으로 자유로울 때에만 가능하다.

(5) 큰 그릇 창작

높은 벽을 만들려면 벽돌 하나를 완벽하게 놓는 과정을 반복해야 한다. 내가 매일 일관성 있게 작은 노력을 계속할 때 내가 원하는 어떤 것이라도 창조하는 데 성공할 것이다. 큰 경험이나 큰 노력을 하기보다는 작은 노력이라도 일관성 있게 지속적으로 할 때 높은 벽이 만들어질 것이다.

(6) 자아 재창조

사람들의 생활 속에는 습관이 존재한다. 생활을 하면서 오래 묵은 부정적인 습관들은 침대와 같은 편리한 자리에 한 번 눕기는 쉽지만 그 침대로부터 일어나는 것을 싫어하는 이치와 같다. 내가 일상생활 속에서 해왔던 일들은 똑같은 결과를 가져올 뿐임을 이해하게 되면 뭔가 다른 결과를 얻으려는 부정적인 습관을 바꾸는데 역점을 두어야 한다는 것을 알게 된다. 새로운 습관을 상상하고 맛보고 느낄 수 있을 때 그것이 변화에 필요한 의지력을 발동시키게 된다.

(7) 멘탈 헬스의 3단계 : 가치 발견, 가치 실현, 가치 창조

내가 얼마나 귀하고 아름다운 존재인지를 아는 사람이란, 자신의 가치를 발 빠르게 발견한 사람만이 자기 삶의 진정한 주인이 될 수 있다. 내가 누구인지를 알 때 내가 무엇을 해야 하는지도 알게 되고 그때가 바로 가치를 실현하는 단계가 된다. 내가 나의 가치를 발견하고 그 가치를 실현함으로써 새로운 가치를 창조하는 일도 해낼 수 있으며 자아실현의 고지를 점령할 수 있을 것이다.

6

행복으로 가는 길 6단계
: 원(圓) 순환 생활 욕구

(1) 골뱅이 회전

인간의 마지막 욕구로서, 온전한 자연과 나, 타인과 나, 우주와 나, 모든 삼라만상과 나의 일체의 하나 됨을 이루고자 하는 단계이다. 무한한 행복과 자유를 얻고자 하는 인간의 욕구로서, 완전한 비움인즉 완전한 채움을 이루는 단계이기도 하다.

자연과 함께하는 원 생활의 시작은 비우고 채우는 것부터 시작된다. 그러므로 사람들은 경계를 없애고 더불어 살아가며 마음을 비우고, 채우는 수련의 자세를 갖추어야 할 것이다. 이 부분을 이루고자 하는 바가 휴선이 지향하고 자연이 주는 행복이라는 의미가 원하는 바람이기도 하다.

(2) 자작나무의 나이테

인생이란 나무의 나이테처럼 자아에 지도를 그려가는 과정이다.

또한, 나이테는 삶의 의미란 무엇이며 어떻게 살아가야 하는지 방향을 가르쳐 주는 이정표와 같다고 생각을 한다.

매봉산 아래 연구원 주변에 있는 자작나무 한 그루를 필요에 의해 자르게 되었다. 잘린 단면을 보는 순간 과거 내가 살아온 발자국을 보는 것 같아서 삶의 질에 관하여 깊은 생각을 하게 되었다.

자작나무에 수령은 70~80년 정도로 보이나 정확한 나이테는 세어볼 수 없었는데, 4계절을 80바퀴나 돌고 돌고 또 돌았다는 증명으로 보여 주었으며 필자로 하여금 원순환 생활의 의미를 깨닫게 해주는 과정을 가르쳐주었다. 그리고 필자가 살아온 생활의 발자국을 지도로 그려 놓듯 하여 생활 속에 과거의 고통이 주마등처럼 스쳐 지나가 가슴이 뭉클해지면서 눈가에 눈물이 맺혔다.

아아, 나도 벌써 60바퀴나 돌고 돌았구나. 앞으로 몇 바퀴를 더 돌고 돌아갈 수 있을까? 또한, 몇 바퀴를 연장해서 돌아가는 것보다도 중요한 것은 삶의 질이라고 생각하면서 원순환의 법칙을 지혜롭게 활용하고자 한다.

● 자작나무 나이테가 주는 교훈
① 생활 속에서 삶의 지도는 연기법에 의해 만들어 간다는 것
② 자연 속에서 인고의 과정을 즐기게 한다.
③ 지난날의 삶의 발자국은 지워지지 않는다.
④ 성장을 위한 진통과 성공을 위한 지혜의 방법 제공

(3) 원의 법칙

지구도 원형이고 물도 원형이며 마음도 원형이다. 달걀도 타원형이며

벌집도 타원형을 이루고 있다. 그리고 일상생활에 규칙을 지시해 주는 시계의 시침도 원형을 그리며 돌고 돌아간다. 시계 속에는 세 개의 지시침이 있다. 시계의 역할은 하루 24시간을 가르쳐주며 사람들로 하여금 생활을 원활하게 하도록 가르쳐주는 역할을 수행한다.

사람들의 일과는 ① 생리 문제 해결 ② 업무 문제 해결 ③ 사회 존중과 사랑 문제 해결, 이 세 가지 문제 해결에 중심이 있다. 하루 24시간 초침, 분침, 시침이 돌고 돌아가는 공간 속에 세 가지의 문제를 해결하려고 다람쥐 쳇바퀴를 돌리듯이 열심히 원을 그리며 돌아간다. 때로는 내가 쳇바퀴를 몇 번이나 돌렸는지, 왜 돌리고 있는지조차도 헷갈릴 때가 있다.

아무튼 사람들의 생활은 하루하루가 매우 바쁘게 돌아가는 것은 사실이다.

(4) 4 사이클 원 생활리듬을 익히자

4 사이클은 원 순환 생활의 근본이기도 하며, 생명을 유지하기 위해서는 필수적인 기능이기도 하다. 생활 속에서 사람들에게 즐거움을 주는 유행가의 리듬도 4/4박자이며, 숲 속에서 아름다운 멜로디로 노래를 연출하는 새들의 노랫가락도 4/4박자이고, 매미 소리도 4/4박자이고, 문명 사회에서 필수품인 자동차 동력의 기능 속에는 4 사이클이라는 원순환의 원리가 담겨 있다. 생체에는 영양소가 필요하며, 영양소를 공급하여 소화를 촉진하는 선순환의 체계 과정으로 산화·환원·분해·합성이라는 4가지의 생리적인 순환작용을 한다.

우리는 일반적으로 체육시간을 활용하여 체조를 할 때 구령을 붙인다. 구령을 붙일 때 4박자를 구령하여 전체적인 리듬을 맞추어간다. 군대에서 제식훈련을 할 때에도 4박자로서 예령과 동령을 통한 좌, 우로 회전하며 보행 훈련을 하는 사례도 있다.

(5) 원 생활 속에 있는 4 사이클의 순환 사례

- 4계절: 봄, 여름, 가을, 겨울
- 하루 24시: 아침, 정오, 저녁, 밤
- 공간 방위: 동, 서, 남, 북
- 생체 에너지 생산: 산화, 환원, 분해, 합성
- 동력 에너지 생산: 흡입, 압축, 폭발, 배기
- 사람 형성기: 유년기, 소년기, 청장년기, 노년기
- 인간 윤회: 생(生), 노(老), 병(病), 사(死)
- 삶의 가치: 희(喜), 노(怒), 애(哀), 락(樂)

(6) 행복의 느낌은 나뭇잎 사이로 다가온다

　육하원칙에 의해서 알아보고자 한다. 필자의 연구원 앞에는 커다란 벚나무가 여러 그루 있다. 벚나무의 상층부에 있는 가지들이 바람을 타고 춤을 춘다. 햇볕에 반사되어 비치는 금빛 이파리들은 춤을 추면서 웃는 모습을 하고 있다. 마치 어린아이가 부모님 앞에서 재롱을 부리면서 빵 긋빵긋 웃는 모습을 하고 있는 것 같다.

　아, 그렇구나! 나뭇가지에 바람만 조금 불었을 뿐인데 나뭇잎은 저렇게 행복한 감정을 표현할 수가 있을까? 진정한 행복이란 저런 감성이 섞인 미소가 아닐까? 그래, 자연 속에 놓인 생물체들은 하루하루 생활의 순리를 저런 모습으로 살아가는구나……

　그렇다면 우리 인간들은 타인에게 먼저 다가가서 미소를 부드럽게 보일 수 없을까? 왜 못하는 것일까? 사회적인 환경의 탓일까 아니면 자신 속에 굳어버린 성격의 탓일까?

(7) 풀잎 행복이란

이 땅에 풀씨가 되어 풀잎으로 자라서, 미력하나마 내가 한때 살았음으로 인해서 이 세상이 조금이라도 좋아지고, 단 한 사람이라도 행복감을 느끼게 할 수 있다면 나는 그 사람보다 2배로 행복해질 것이다.

(8) 더불어 사는 행복

숲은 공존을 위한 지혜를 가르쳐 주는 곳이다. 더불어 살아가는 지혜를 익히려면 먼저 생명의 소중함을 알아채야 한다. 지구상에서 인간을 포함한 모든 생물은 태초에 한 생명체에서 분화된 산물이다. 그러므로 이 세상 모든 다른 생물과 근원적으로 한 가족이라고 할 수 있다. 아니 이웃 또는 친척이라는 표현이 더 친근감이 있을 것이다. 그래서 서로 공생하지 않는 생물은 살아남을 수가 없으며, 주위 환경과 경쟁을 하면서 살아남을 수 있는 가장 좋은 방법이다.

(9) 물과 같은 사람이 되자

물은 언제나 아래로만 흐른다. 물은 절대로 위로 흐르는 법이 없다. 물은 산골짜기 높은 곳으로부터 흘러내려 세상을 향해 내려간다. 물은 언제나 목이 마른 자의 편에서 목을 적셔주기 위해 아래로 흘러갈 준비가 되어 있다. 또한, 미래를 향해 길을 걷는 사람들에게 에너지원이 되어주기도 한다. 그리고 물은 세상 구석구석을 다 적셔주고 맨 마지막에 수증기가 되어 하늘로 올라간다. 자연 속에서 선 순환 과정을 알아차린 사람은 물처럼 살아가는 사람이다. 또한, 지혜로운 부모는 자녀를 물과 같은 사람으로 키운다.

3

참된 행복을
알아채는 담체 기법

Natural Happiness

1단계 : 이론편

1. 삶의 본질과 가치

2. 인간의 존재와 의미

3. 물질, 생물, 정신의 특성과 작용

4. 감정의 발생과 작용

5. 뇌의 특성과 작용

6. 현대 물리학과 물질의 특성

7. 선울림의 파동

1
삶의 본질과 가치

    인간은 이 땅에 태어나 자기 자신만의 삶의 방식과 가치를 지니며 생활하면서 살아 간다. 인간으로서 삶의 질 향상을 위한 가치라는 갈림길에서 자기 자신만의 방식으로 가치를 추구한다고 하지만, 인간마다 삶의 질에 관한 가치가 달라서 서로 다른 가치가 충돌할 경우에는 오히려 더 큰 혼란이 생기며 때로는 싸움이 일어나기도 한다. 칭기즈칸, 도요토미 히데요시, 히틀러 등 역사에서 큰 전쟁을 일으켜 많은 생명을 앗아간 사람들도 자신이 추구하는 삶의 가치가 잘못되었다고 생각하는 사람은 아무도 없을 것이다. 그들에게는 전쟁을 통해서 남의 땅을 정복하는 것이 자신들의 백성을 위하는 것으로 생각했을 것이다.

    인간들이 보편적으로 추구하는 돈, 권력, 명예도 마찬가지라고 생각한다. 어쩌면 인간은 탐욕이라는 허상을 의미 있는 가치 또는 목표로 생각하고 열심히 노력하면서 그것에 스스로 삶의 가치를 부여하고 있는지도 모른다. 삶의 본질과 가치의 기준은 시간이 지나도 변하지 않아야 할 것이고 많은 사람들이 서로 공감해야 할 것이다. 보편적 삶의 가치는 자신이 존재함으로 해서 우리가 함께 살고 있는 이 세상이 조금이라도 아름답게 되는 것이라고 생각한다.

이성을 가진 인간으로서 삶의 본질에 관하여 사람에게 필요한 도덕성이 무엇인가를 반문해본다. 인간이 지구 상의 동물 중에서 유일하게 이성을 가졌다고 말하고 있지만, 지난 역사를 보면 인간이 과연 이성을 가진 합리적 호모사피엔스인지 의문이 간다. 무 이성적 동물보다 훨씬 머리가 좋다는 인간이 동물보다도 못한 행동을 해왔기 때문이다. 현대의 지구 사회를 돌아보면 합리적 이성을 가진 인간이 가공할만한 살상무기를 만들어 전쟁을 통한 대량살상 행위를 하는지 이해가 되지 않는다.

요즘 대두되고 있는 사회 구조체에서 생물학적으로 들여다 보면 인간은 오로지 자신의 종족 보존과 증식을 위한 혈안으로 인간 안에 있는 유전자의 조정을 받고 있다는 느낌이 든다. 이 때문에 지금까지 인간의 역사를 보면 인간이 정한 도덕이라는 기준이 무척이나 상대적이라고 생각한다. 모두들 자신들 위주로, 때로는 강자 위주로, 때로는 다수 위주로 생각이 기울어지는 이기적인 경향의 문화가 생활 속에서 흐르고 있기 때문이다.

그렇다면 이성적인 인간으로서 도덕의 기준점을 말한다면 단순히 인간의 양심을 들 수 있을 것이다. 하지만 인간의 양심은 너무나 개인적이고 주관적이며 때로는 인간의 탐욕이 양심으로 둔갑하는 경우도 있다. 도덕이라는 가치는 인간이 더불어 살아가면서 생긴 생활의 지혜로서의 개념이라고 생각된다. 만약 인간이 혼자 산다면 도덕이란 단어가 필요가 없을 것이다. 즉 도덕이란 인간관계 속에서 생겨나는 투명한 벽의 개념으로 보면 될 것이다.

우리가 살고 있는 사회에서 각자의 생활을 투명의 벽으로 바라본다면 이성적 인간으로서 도덕의 기준은 공동체 정신에 있다고 생각한다. 이 때문에 공동체 생활 속에서 도덕의 기준은 먼저 자기 자신을 자각하는 것이 필요하다. 예를 든다면 나와 너, 나와 우리, 나와 다른 생명, 나와 자연은 어떤 관계로 존재하고 있는가 등을 고찰해야 하며, 우리의 존재는 모두 하나로 이어져 있으며 하나의 근원으로부터 형성되어 왔다는 것을 인지해야 한다.

우리가 지구 상에 태어난 나이는 몇십 년에 불과하지만, 근원적인 나이는 우주와 같은 137억 년이라고 말하는 사람도 있다. 그래서 우리가 서로 다르지 않고 같은 근원에서 나온 같은 생명체라는 생각을 하기 때문에 남이 슬퍼하고 아파하는 것을 보고 함께 슬퍼하고 아파하는 마음이 생긴다면 그것이 도덕적 기준이 될 수 있다고 생각한다. 또한, 개인의 이익이 아닌 공동체를 구성하고 있는 모두를 위한 것인가, 모두에게 이로운 것인가, 모두가 합당하다고 생각하는가 등의 조건들이 이성적 인간으로서 참이 담겨 있는 도덕의 기준이 될 수 있을 것이다.

2

인간의 존재와 의미

나로부터 출발해서 거시적인 세계(우주) 측면과 미시적인 측면(생물학에서 물리학)에 이르기까지 인간이 아주 작은 세계에서부터 아주 큰 세계 속에서 자신이 현재 어디에 위치하는지를 나타내주는 과정이다.

지구에서의 인간

생물학적 견지에서 보면 영장류의 인간과(bomindae)에 속하는 동물로 진원류(眞猿類)라는 아목(亞目)에 속한다. 현생의 인간은 호모 사피엔스(homo sapiens)의 일종으로 분류되며, 인간에 가장 가까운 유인원과 비교하면 해부학적으로 그 차이는 먼저 두개골의 형태에서 보인다. 기타 체구 및 사지에도 그 특징이 있는데, 이것들은 직립보행에서 유래한다고 한다.

인간은 지구 상의 생물의 발전에 있어 최고의 단계에 있다. 이전에는 이 인간의 종류에 대하여 다원설(多元說)이 대두되었지만 현재에는 일원설(一元說)로 되어 있다. 인간은 그 심리적 작용 및 음절로 나누어진 언어를 가지고 있다는 점에서 가장 발달된 동물로 구별된다. 인간의 행동은 사고·감정·의지 나아가 자연, 사회, 자신 스스로에 대하여 많든 적든 그것이 가지고 있는 법칙에 대한 지식을 토대로 이루어지지만, 다른 동물의 행동은 본능, 환경에 대한 반응으로 규정된다.

이 인간의 특유한 심리적 작용을 특히 강조하고 절대화하여 이것에 근거하여 인간의 본성을 규정하고 이성 및 의지력, 그 종교적 신앙 등에서 그 본질을 발견한다면 관념론자의 주장이 된다. 그러나 인간과 동물의 차이는 동물이 단지 자연조건에 스스로를 적용하는데 지나지 않는다면 인간은 노동 용구를 만들고 자연에 작용하여 그것을 자신에게 적용 시키는 데 있다. 즉 인간이 노동을 가지고 자연을 변화시키는 데에서 그 본질을 발견할 수 있을 것이다. 이 활동을 결정하는 것은 궁극적으로는 자신의 생활을 유지하는 물질적 조건에 근거하여 그것에 의해 자신의 활동 동기가 객관적으로, 물질적으로 규정되는 데 있다. 따라서 인간의 특징이 되는 의식 활동, 정신생활, 갖가지 노동 용구를 만들고 그것을 사용하는 능력 등은 자신의 생존을 위한 사회적 노동으로부터 발전되는 것일 뿐이다. (인간은 결코 독립적으로 생존하지 못하며 나아가 집단적으로, 즉 사회적으로 생활하기 때문에 노동도 사회적이어야 한다.)

예로부터 철학자가 말해 왔던 인간성이라는 것은 일반적인 것이 아니라 사회의 일정한 조직에 의해 규정되는 구체적인 인간 본성이 있게 된다. 그러나 동시에 각각의 사회 발전 단계에 있는 일정한 조직에 있어서의 인간은 인류 역사로부터 만들어진 것이며, 인류가 종래에 완성했던 지식을 받아들이고 문화를 기초로 하여 형성이 되어가고 있는 것이다. (자료출처: 철학사전)

3
물질, 생물, 정신의 특성과 작용

일반적으로 정신세계와 물질세계와 그리고 생물세계를 구분해서 많이들 접근하지만, 마음의 본래의 작용을 이해하자면 이 세 가지가 따로 분리되어 있는 것이 아니라 하나로 연결되어 흐르고 있다. 단지 작용을 달리할 뿐이지, 본래 하나로 작용을 하는 것이다.

- 물질의 특성을 지니면 → 물질작용을 일으키고, 그 기반 위에
- 생물의 특성을 더하면 → 생물(생리)작용을 일으키고, 그 기반 위에
- 정신의 특성을 더하면 → 정신작용을 일으키게 된다.

즉 물질과 정신을 둘로 분리해서 작용을 하는 것이 아니라, 물질작용과 생물(생리)작용을 기반으로 정신작용이 나타나는 것이지, 3가지가 별개로 작용하는 것은 아니다. 이와 같은 세부적인 내용은 양자역학의 원리와 입자-파동의 원리로 이미 물리학에서는 입증된 부분이다.

(1) 물질의 특성

파동의 성질과 입자의 성질을 가지고 있는 것을 물질의 본질적 특성이라고 한다. 다른 물질과 구별되는 그 물질만이 가지는 고유한 성질로 물질의 종류마다 서로 달라 그 물질을 다른 물질과 구별할 수 있게 한다. 물질의 특성이 될 수 있는 것은 겉보기 성질(색, 결정, 모양, 냄새, 촉감 등), 끓는점, 용해도 등이 있다. 반면 물질의 특성이 될 수 없는 것은 질량, 무게, 부피, 길이, 넓이, 온도 등이다. (자료출처 : 과학용어사전)

● 감정은 물질의 작용이다

감정을 다스리기가 그리 쉬운 일이 아니다. 옛 선인이 얘기했다. 천하는 다스릴 수 있어도 자기 마음을 다스리긴 어렵다고. 감성을 잘 이해하려면 우리는 감정의 실체에 대하여 이해해야 한다.

감정이란 무엇인가? 심리치료 전문가인 지니 칼라바 박사는 "감정은 정보를 물리적 실체로 전환하는 과정이며 생각과 감정은 몸 안에서 특정한 화학물질로 변해서 분비하는 현상"이라고 말했다. 즉 오늘의 과학은 감정을 정신적, 추상적 현상이 아닌 물리적 현상으로 풀이하고 있다.

감정이란 뇌의 과학으로 보면 특정한 화학물질에 대한 뇌 신경의 반응이다. 의학적으로 이들은 뇌 신경전달물질, 또는 무드호르몬이라고 하는데 감정의 종류에 따라 각기 다른 화학물질이 뇌의 각 부분으로 분사된다. 현재 50여 가지의 신경전달물질이 발견되고 있는데 그 대표적인 예가 도파민과 세로토닌, 그리고 아드레날린이다. 도파민은 쾌락과 도취감을 유발하는 물질로서 이성의 뇌인 전두엽에 영향을 많이 주어 이성적 사고를 마비시키는 역할을 한다. 즉 사랑에 빠지면 눈에 콩깍지가 씌워진 사랑의 황홀감에 빠진 상태에 이른다.

세로토닌은 행복감과 편안한 수면 상태를 유발하는 물질로서 뇌의 전체 부분에 골고루 분포되며 뇌의 전체적 작용을 활성화하는 작용을 한다. 아드레날린은 긴장 상태를 유발하는 물질로서 위험을 인식하고 신체의 모든 기능을 전시 체제로 전환시키는 역할을 함으로써 공격하거나 도망치는 등 행위로 위험으로부터 자신을 보호할 태세를 갖춘다. 그러나 이런 상태가 지속되면 과도한 에너지 소비와 경직으로 질병을 유발하게 된다.

(2) 생물의 특성

생물이 무생물과 구별되는 일반적인 특징으로서, 생물은 자기 증식 능력, 에너지 변환 능력, 항상성 유지 능력이라고 하는 3가지 능력을 가지고 있다. 인간뿐 아니라 지구 상에 존재하는 생물 등은 단세포 생물을 제외하고는 여러 개의 세포로 이루어져 있다. 단세포 생물은 소화나 물질대사, 생식 등 복잡하고 정교한 활동을 하며 그 세포는 여러 소화관들로 이루어져 있다. 생물의 이런 구조만 봐도 매우 복잡하고 정교하게 이루어져 있다는 것을 알 수 있다. 세포막 지질이 중층으로 이루어져 있고 세포주기와 그것을 조절하는 물질들이 있고 유전정보를 가지고 필요한 단백질을 만들어 내기도 한다. 또 다른 정교하고 복잡한 것의 예로 세포 내에서 일어나는 DNA 전사나 단백질 합성, 또는 세포분열을 위한 DNA 복제 등 이런 활동들은 조금만 실수해도 생물에게 치명적이기 때문에 매우 정교할 수밖에 없다. (자료출처: 위키백과사전)

(3) 정신의 특성

● 우리가 경험하는 감정 발생이 인체에 미치는 영향 (순행)

감정이 발생되면 전두엽 아래 시상 하부에서 특정 감정에 맞는 특정 화학물질을 조립해서 펩타이드를 생성시켜(작은 아미노산의 고리: 다른 20가지의 아미노산을 만들 수 있는 탄소단위로 구성) 매 순간 경험하는 감정 상태(화, 분노, 슬픔, 고통, 욕망)에 맞게 특정 신경 펩타이드와 신경호르몬으로 조합해서 뇌하수체를 통해 혈류 속으로 녹아들어 간다. 이어서 몸을 구성하고 있는 다른 기관으로 이동해서 세포의 수용체에 도달하게 된다. (몸을 구성하는 모든 세포들은 외부로부터 오는 것들을 받아들이는 수용체를 지니고 있다. 그리고 하나의 세포가 수천 개의 수용체를 가지는 경우도 있다.)

칸트 철학에서는 철학적 정신, 철저성 정신, 미적 정신 등 대단히 일반적인 용법을 포함하여 이른바 인간의 마음의 활동 전반을 가르키지만, 완전한 것의 예로서 신에 대해서도 사용되고 있다. 여기서 주의해 두고 싶은 것은 인간과 신의 양자에 관해 똑같이 영의 의미로도 사용되고 있다는 점이다. 그것은 우선 인간의 정신이지만 신체에 대응하고 있는 것은 영혼의 방향으로 정신은 그 하나의 활동으로 되고 있다. 영혼이 감성적인 활동도 포함하는 것인데 반해 정신은 이성과 의지에 관계하는 능력이 되고 있기 때문이다.

이러한 성격의 것으로서 정신은 진·선·미의 모든 영역에 관계하게 되지만 이념에 의해서 생기 있게 하는 마음의 원리라는 것이 그의 정신이라고 말할 수 있을 것이다. 인간의 정신은 이념(idee)을 추구함으로써 이성적일 수 있다. 천체론 등에서 정신 물질에 대한 의존도가 높아지고 있지만 대부분은 자연으로부터 자유롭다는데서 그 특성이 구해진다. 특히 자유의 정신은 인간의 본성을 이루는 것으로 중시된다.

(4) 정신 작용

산다는 것, 죽는다는 것, 걷는다는 것, 일을 한다는 것, 화장을 한다는 것, 밥을 먹는다는 것 등은 정신 작용뿐만 아니라 몸의 작용이 필요하다. 즉 몸과 마음 두 가지가 동시에 작용해야만 가능한 일이다. 좋다는 것, 싫다는 것은 정신 작용 즉 몸의 작용이 필요 없는 일이다. 예를 든다면, 하늘을 날거나 미래로 가는 일은 몸의 작용인가 마음의 작용인가에 따라서 달라지는데, 몸의 작용은 불가능하지만 마음은 얼마든지 가능한 일이다.

눈의 시각 기능을 가지고 몸의 작용과 마음 작용에 대해 알아보자. 눈은 사물을 보면 빛의 명암, 색깔에 대한 데이터를 뇌로 전달하게 된다. 이때 눈은 사물을 보는 것이 아니며, 다만 앞에 설명한 데이터를 뇌로 전달하는 일만 한다. 이것이 몸의 작용이다.

뇌는 눈이 전송한 데이터를 해석하고 이때 비로소 나 자신은 사물을 인식하게 된다. 이 해석 작용이 정신 작용 즉 마음 작용이다. 이것 또한 몸과 마음이 동시에 작용해야 가능한 일이다.

4

감정의 발생과 작용

(1) 좋은 감정과 기억을 맞춤형으로 포장하라

사람의 뇌는 시작과 끝에 대한 기억을 가장 강열하게 느끼고 저장을 한다. 중간에 대한 기억은 쉽게 흐려지는 경향이 있으므로 과정에 대한 문제가 생기는 것이다. 우리들은 과정보다는 결과를 중시하게 되고 실제 경험과는 달리 왜곡해서 기억하는 경향이 많이 있다.

그렇다면 이 성질을 역이용하는 방법이 없을까?

좋은 방법이 있다. 항상 기억에 붙어 다니는 물질이 있는데, 이것이 기억에 붙어 있으면 자주 생각나고 강하게 기억된다. 그 물질은 무엇일까? 그것은 바로 감정이다. 그 감정을 지혜롭게 이용하는 것이다. 시작할 때와 끝맺을 때에만 감정을 관리하면 된다. 중간의 감정은 별로 신경 쓰지 않아도 된다.

감정을 관리하는 것은 수동적인 것과 능동적인 것으로 나눠볼 수 있다. 능동적인 관리는 좋은 마음이 생길 때에 시작하고 좋은 마음이 유지될 때에 끝을 맺는 것이다. 수동적인 관리는 좋은 마음으로 시작하고 좋은 마음으로 끝을 맺는 것이다. 감정을 조절하려면 먼저 자기감정을 관찰해야 하고 시작과 끝의 감정을 잘 관찰하는 것이 중요하다. 시작할 때의 감정과 끝맺을 때의 감정을 좋게 만들게 되면 그 기억이 좋은 감정으로 포장되어 머릿속에 남게 된다. 그리고 그 포장된 기억을 떠올릴 때 자신을 행복하게 해주고 그 일을 다시 할 때 즐거운 마음으로 할 수 있게 된다.

● 사례 실행

① 한 시간짜리 일을 한다면, 시작할 때에 1분간을 그리고 끝맺을 때에 1분간만 감정을 관리하면 된다. 이 방식은 2분간을 투자해 놓고 1시간의 공간을 이득으로 챙길 수 있다.

② 마음으로부터 거부감이 너무 심할 때 시작하면 곤란하다. 그것에 대한 감정이 좋아졌을 때 시작하는 것이 좋다. 재미있을 때 끝을 내면 그 일을 다시 하고자 할 때 재미라는 감정이 묻어나게 된다. 괜한 욕심에 더 많이 해서 지루할 때 끝을 내면, 그 일을 다시 하고자 할 때 지루한 감정이 묻어 나와 하기가 싫어지게 된다.

③ 공부를 하려고 하는데 갑자기 거부감이 생긴 경우에는 계속해서 공부를 해야 할 필요성이나 이유에 대해서 다시 한 번 생각해 본다. 그리고 자신의 책이나 펜에 대해 아끼는 마음을 가져보기도 한다. 곰곰이 생각한 후에 남들보다 내가 못할 것이 없다는 투쟁심을 자극해 본다. 이어서 지금 볼 과목 중에 호기심을 자극할 수 있는 단원을 찾아본다. 단원에 관해서 질문을 만들어 본다. 전에 했던 것 혹은 관련된 것을 떠올려 본다. 나는 이 단원을 잘할 수 있다고 되뇌어 본다. 그러면 순간 감정이 바뀌게 되며, 감정이 좋아지면 그때부터 학습을 시작하면 된다.

④ 좋은 마음으로 끝을 내려면 어떻게 해야 할까? 이때 별다른 관리를 해주지 않으면 그냥 끝맺는 순간 그 찰나의 감정만 묻어버리게 된다. 과정을 중시하고 싶다면 '시작은 어떻게 했는데 내가 열심히 한 끝에 결과가 그렇게 되었구나.'라는 것을 잘 관찰하면 된다.

시작할 때 100이었고 결과물이 300이었다고 가정한다면, 만약 자신이 과정을 중시한다면 내가 열심히 해서 +200이 된 것을 관찰하게 된다. 반대로 결과를 중시하게 되면 300만 관찰하게 된다. 남들은 500이라는 수치가 나왔다면 나는 300뿐이 안 된다고 짜증을 내게 된다. 이 두 가지 사례의 경우, 맞음을 할 때 느끼는 감정의 정도가 다르게 된다.

⑤ 우리가 사람을 만날 때에도 마찬가지다. 시작과 끝의 감정이 중요하다. 중간에 아무리 공을 들여서 감정을 좋게 해도 끝의 감정이 나쁘게 되면 그 관계는 나쁘게 된다. 반대로 중간에 감정이 안 좋더라도 좋은 감정으로 끝맺음을 하면 그 관계는 좋아지게 된다. 이성 친구를 사귀다가 헤어질 때에도 강하게 기억되는 것은 만남, 헤어짐 그리고 중간 중간의 특별한 기억 이렇게 세 가지의 기억뿐 나머지는 희미하게 기억되어 잘 떠오르지도 않는다.

⑥ 나쁜 기운을 상대방에게 전달하지 말아야 한다. 사람들에게는 정말 다행스럽게도 웃음이라는 감성 물질이 존재한다. 웃음의 에너지원을 많이 활용하는 기법을 스스로 깨우쳐야 한다. 또한, 상대방을 5분 동안 즐겁게 해줄 수 있는 기법을 익혀야 한다. 현대인들의 하루는 바쁜 생활의 연속이다 보니 자신에게, 당신에게 감정을 표현하는 시간이 매우 부족하다. 그러므로 아침에 잠자리에서 눈을 뜨면, 사랑하는 사람을 보며 5분 동안 즐거운 대화의 시간을 가진다면 부부간에 좋은 감정을 오랫동안 지닐 수 있을 것이다.

(2) 좋은 감정을 지속하는 방법

필자의 연구실에서 바라보이는 각구봉을 휘감고 있던 구름이 바람을 타고 빠르게 질주하고 있다. 그래, 구름이 바람 타고 흘러가듯 나에게 주어진 시간도 꽤 많이 흘러간 것 같다. 인생 60세 산속에서 휴선문화를 연구한 지도 벌써 30년이 지났으니 말이다. 어느 날 거울을 들여다보다가, 얼굴에 주름이 쭈굴쭈굴한 모습을 보고 있노라니 갑자기 생각과 행동에 조심스러운 감정을 느꼈다. 그래서 나는 옆에 있는 젊은 색시의 손을 잡고 산책을 하면서 좋은 감정을 표현해 보고 싶었다.

필자는 좋은 감정을 담기 위해서 자신이 무엇을 어떻게 실행을 해야 할 것인가에 관해서 오래전부터 학습을 해왔다. 사람들은 서로 다른 인격체가 만나서 부부라는 관계를 맺고 살아간다. 우선 상대방은 나와 다른 환경에 살았기 때문에 공감이 필요하다. 다행히 사람들은 공감력을 다 가지고 있지만, 그 깊이는 저마다 다르다. 우선 나와 생각이 다를 수 있음을 당연하게 받아들이고 혹여 같은 말을 하더라도 다를 수 있음을 인지해야 한다. 공감이란 이야기나 경험을 통해서 서로 간에 감정의 교집합을 찾고 다른 부분에 대해선 서로 이해함을 원칙으로 한다. 그러나 이해를 함에 있어 사람마다 방식이 다르다. 그것은 세상을 바라보고 생각하는 관점이 다르기 때문에 모자라거나 속상할 때가 있는데, 이것을 잘 조율해야 할 필요가 있다.

문제 해결을 위해 조율을 하는 과정에서는 지혜로운 대화법을 활용하는 것이 바람직하다. 왜냐면 말, 어감, 사용하는 단어, 눈빛, 행동은 커뮤니케이션의 중요한 수단이기 때문이다. 대화를 잘하려면 일단 자신부터 솔직해지는 연습을 해야 된다. 말을 잘하는 것이 대화를 잘하는 것이 아니며, 지식이 많다고 해서 대화를 잘하는 것이 아니기 때문이다. 우선 대화는 상대방의 말을 잘 듣는 습관을 지녀야 한다. 정중한 경청의 자세가 되어 있지 않으면 이해함이 불가능하며 듣는 것에 대한 소중한 마음은 상대방과 함께 편안하고 솔직하게 이야기할 수 있는 밑거름이 된다.

자신에게 솔직해지는 연습은 자신에게 좋은 질문을 던지고 자기만의 해답을 찾으면 된다. 참고로 휴선 아침 명상 수련을 통해서 자신을 발견하는 것도 하나의 방법이다. 마음 수련을 통해서 자신에게 솔직해지는 습관을 가지면 다정다감한 대화를 할 수가 있다고 생각한다. 부부가 이혼을 하는 이유를 다년간 연구한 심리학자의 발표를 보면, 문제의 중심 1위는 대화에 있었다. 이혼 사유에서 상대방이 외도를 하는 것보다도 서로 바라보는 태도에 있었으며, 그 태도는 대화를 통해서 그 감정이 전달되는 것임을 알아야 한다.

필자는 요즘 유럽인들의 일상생활에 관하여 학습과 연구를 진행 중에 있다. 서양인들의 삶의 방식과 동양인들의 삶의 방식이 무엇이 다를까? 유럽 사람들의 생활 방식은 낙천적이며 시간적인 공간에서 자유로우며, 직업에 귀천이 없으며, 자기가 원하는 일에 자긍심을 갖는 문화가 정착되어 있다. 그런 문화 속에서 생활을 해서 그런지 장수하는 사람들이 많다. 그렇다면 그들은 왜, 낙천적인 성격과 장수하는 사람들이 많을까? 그리고 비결이 무엇일까?

생활에서 즐거운 삶의 방식과 장수하는 비결은 친구처럼 항상 수다쟁이가 되는 것이다. 아, 그렇구나! 그래서 필자도 요즘은 부부 사이에 대화의 방법을 바꾸고 흥미로운 이야깃거리로 수다를 떨면서 서로의 감정을 이해하는데 많은 변화를 가져왔다. 그래, 이것이 가정에 평화로운 길을 만드는 과정이란 것을 비로소 깨달아 본다.

또한, 좋은 감정을 유지하기 위해서는 상대방에게 부끄럽지 않으며 깨끗하고 건강한 몸을 항상 간직해야 한다. 건강한 신체는 건강한 감정 상태를 좌지우지하기 때문이다. 신체가 병들어 있으면 감정과 마음에도 병이 들게 된다. 행복한 일이 발생해서 웃을 수도 있겠지만, 웃어서 행복할 수 있게 만드는 것이 우리의 생체이다. 이렇기 때문에 우리는 자신의 감정 상태를 잘 느끼고 다스려야 하며 스스로 감정을 다스리는 법을 꾸준히 개발하고 그것을 실천하려는 노력을 해야 한다.

(3) 우리의 몸이 감정에 미치는 영향 (역행)

세포체 내에 아직 필요한 양만큼의 화학적인 화합물이 충족되지 않은 경우 뇌 쪽으로 명령해서 뇌의 활동이 시작되도록 하고, 특정 전달 물질에 적합한 과거의 상황과 전두엽에 있는 기억들을 작동시킨다. 그러면 곧 감정의 변화가 일어나기 시작해서 우울, 고통, 분노, 혼란, 짜증 등이 발생한다. 그리고 감정 상태(화, 분노, 슬픔, 고통, 욕망)에 맞는 특정 신경전달 물질을 통해서 감정이 발생된다.

위와 같은 과정을 바라볼 때, 어리석은 생각이 우리의 몸과 마음을 망치고 있다. 반면, 지혜로운 생각은 모든 것을 창조해낸다. 우리는 몸과 생각의 종노릇을 하는 것이 아닌 우리 존재의 주인이다. 새로운 지식은 새로운 신경망을 구축하는 발단이 된다. 그리고 꾸준한 실행은 새로운 신경망의 구축을 만들어 내게 된다. 비로소 우리는 완전히 새로운 정체성을 가진 자유로운 상태가 될 수 있다.

세포는 항상 비슷한 정도의 수준을 유지하려고 하는 항상성을 지니고자 한다. 그래서 세포체 내의 정도가 떨어지게 되면, 본래의 수준을 요구하게 된다. (가령 담배를 피우고 싶다고 하는 것은 피우고 싶다고 하는 생각이 들기 전에 이미 세포에서 뇌로 정보를 보낸 것에 의한 것이다. 마치 세포의 자극에 우리가 반응하는 - 담배를 피는 - 꼭두각시 삶을 사는 것과 동일하다.)

만약 우리가 스스로의 감정 상태를 조절할 수 없다면 분명 자신이 중독 상태에 있다는 것을 자각해야 한다. 실제로 우리는 너무나 많이 스트레스에 중독되어 있다. 단지 화가 물질을 만들어 내는 이러한 자극과 반응에 굴복되어 우리 스스로 올바른 선택을 하지 못하게 된다. 몸의 세포들이 욕망을 채우는 쪽으로 스스로를 몰아가고, 이때 인간은 그 세포들의 종노릇을 하게 되는 것이다.

마음의 작용과 신체의 작용을 우리는 일반적으로 둘로 나누어 보고 있으나, 마음의 작용과 신체의 작용은 상호 간 마음과 몸에 영향을 미치고 있다. 위의 마음과 몸의 순행작용과 역행작용을 통해 정도에 이치를 깨달기 위한 방법으로 기술을 해보았다.

5

뇌의 특성과 작용

　현재 인간의 뇌의 특성과 각각의 작용은 진화학적인 측면과 뇌과학적인 측면에서 살펴볼 수 있다. 인간의 뇌는 뇌의 가장 아래에 파충류의 뇌와 동일한 특성작용을 나타내는 뇌에서 점차적으로 현재의 유인원류가 지니고 있는 대뇌피질의 뇌에 이르고 있다.

종 류	내 용
① Cortex Brain (대뇌피질의 뇌)	사고, 논리, 이성, 계획
② Mammalian Brain (포유류의 뇌)	감정, 기분, 기억, 호르몬 조절
③ Reptalian Brain (파충류의 뇌)	자동적인 본능, 자신을 방어하거나 타인을 공격, 화, 공포, 복수, 연합

　뇌의 가장 아래에 파충류의 뇌(Reptalian Brain)가 있고, 그 위에 포유류의 뇌(Mammalian Brain)가 존재하며, 그리고 마지막 제일 바깥쪽에 유

인원류가 지니는 대뇌피질의 뇌(Cortex Brain)가 있다. 위의 3부분으로 나뉘어있는 뇌는 하나로서 기능(Triune)을 수행하고 있다. 흥미로운 사실은 원숭이·침팬지·고릴라·오랑우탄 등의 유인원류와 인간의 DNA 차이가 겨우 1.6%에 불과하다는 것이다.

　뇌신경은 초당 4,000억 개의 정보를 처리하고 초당 2,000개 정도를 인식한다. 이것이 의미하는 것은 우리의 뇌에서는 끊임없이 있는 그대로의 현실이 투영되고 있지만, 실제로 우리는 우리가 보고자 하는 부분만을 취해서 받아들이기 때문에 그 정보를 우리가 통하지 못한다는 것이다. 그러나 새로운 통합을 이룰 수 있는 지식과 경험을 반복하게 되면 뇌에서는 새로운 신경망을 구축하게 된다. 그래서 진정한 행복을 향한 부분에는 반드시 전체를 통합할 수 있는 이론과 그 이론을 바탕으로 한 실천이 반복될 때에 가능하게 된다.

　위의 내용은 뇌의 해부학적인 기능을 기술한 것으로 뇌의 구조와 작용에 대한 것을 나타낸 것이다. 뇌라고 하는 것은 3가지 부분에서 진화를 거듭하면서 각각의 기능이 있지만, 각각의 기능은 마치 하나의 기능처럼 보여줄 정도로 통합되어 작용한다.

6
현대 물리학과 물질의 특성

물질을 분석해 보면, 나무→분자(molecule)→원자(nuclear)→핵+전자(nucleus+electron) →핵(양성자+중성자)→미립자 쿼크(6개)+렙톤(6개) : quantum particles +매재 입자(4개)+힉스 입자(질량을 부과)→미립자의 2가지 특성(입자의 특성+파동의 특성)→초끈이론(5년 내에 밝혀질 유력한 가설) : 파동 등의 과정으로 되어 있다고 생각한다.

(1) 초끈이론

우주를 구성하는 최소 단위를 끊임없이 진동하는 끈으로 보고 우주와 자연의 궁극적인 원리를 밝히려는 이론이다. 상대성이론의 거시적 연속성과 양자역학의 미시적 불연속성 사이에 존재하는 모순을 해결할 수 있을 것으로 생각되는 이론 후보 중 하나이다. 우주를 구성하는 최소 단위를 양성자, 중성자 전자 같은 소립자나 쿼크 등 구(球)의 형태가 아니라 이보다 훨씬 작으면서도 끊임없이 진동하는 아주 가느다란 끈으로 보는 이론이다.

1970년대 초부터 등장하기 시작해 1980년대 미국의 이론물리학자 J. 슈어츠와 영국의 M. 그린이 본격적으로 연구했다. 이 이론이 등장하기 전까지는 우주의 궁극적 원리를 설명하는 이론은 아인슈타인의 상대성 이론과 양자역학이 절대적인 위치를 차지하고 있었으며 시간, 공간, 중력 의 원리 등을 바탕으로 우주 전체의 모습을 거시적 연속성으로 보는 상 대성이론으로는 불확정성 원리에 의해 움직이는 미시적인 세계는 설명 할 수 없었다. 또한, 미시적인 입자들을 불확정적인 확률로 기술하는 양 자역학으로는 거시적인 우주의 모습을 기술할 수 없다. 따라서 궁극적인 우주의 원리를 설명하려 할 때 이 두 이론은 결국 충돌할 수밖에 없을 것 이다.

초끈이론은 끈이론에서 발전한 이론으로 우주의 최소 단위가 마치 소 립자나 쿼크처럼 보이면서도 이보다 훨씬 작고 가는 끈으로 이루어져 있 어 1차원적인 끈의 지속적인 진동에 의해 우주 만물이 만들어진다고 가 정한다. 만약 이 이론이 맞는다면, 상대성이론의 거시적 연속성과 양자 역학의 미시적 불연속성 사이에 존재하는 모순을 해결할 수 있다. 나아 가 두 이론을 하나의 통일된 체계로 설명할 수 있게 됨으로써 마침내 우 주의 궁극적 원리를 규명하는 것도 가능할 것이라고 생각을 한다.

초끈이론에서는 끈들이 진동하는 유형에 따라 입자마다 고유한 성질 이 생기고 우주를 생성과 소멸의 과정으로 보는 빅뱅이론과 달리 영원히 성장과 수축을 반복하는 존재로 본다. 또 우리가 살고 있는 우주 외에 수 많은 다른 우주가 각각의 물리 법칙에 따라 존재한다고 가정한다.

(2) 양자물리학 이후의 인간을 포함한 자연계에 대한 인식의 변화

"우리가 알고 있는 입자들은 관찰자가 있고 없고에 따라서 입자의 특성과 파동의 특성을 가지는 입자와 파동 이중성을 지닌다." (Duality)
"최초 미립자들은 한 번이라도 공유된 경우 시간과 공간에 상관없이 연결성을 유지한다." (Entanglement)

인간은 감각 기관을 통해 외부 세상을 감지하고 그것을 바탕으로 외부 세계에 대한 생각을 만들어 간다. 인간의 감각 중에서 가장 많은 정보를 수집하여 전해주는 기관은 시각이다. 이런 이유 때문에 인간은 눈으로 본 것을 사실로 믿는 경향이 있다. 그래서 '백문이 불여일견'이라는 말도 있는 것이다. 한 번 본 것이 백 번 들은 것보다 확실하다는 이야기이다.

법정에서 '내가 직접 보았다.'라는 증언이 가장 큰 증거 능력을 갖는 것도 이 때문일 것이다. 그렇다면 우리에게 참모습을 볼 수 있는 능력이 있는 것일까?

(3) 자연의 참모습이 우리가 보아서 아는 것과 다르다면

만약 자연의 참모습이 우리가 보아서 아는 것과 다르다면 어떻게 될까? 수학을 이용해 표현한 자연의 모습이 우리가 아는 상식이나 직관과 다르다면 어떻게 그것을 설명할 수 있을까?

양자물리학은 우리가 평소에 경험할 수 없는 아주 작은 세계에서 일어나는 일들을 주로 다룬다. 과학자들은 이렇게 작은 세계에서 우리가 경험을 통해 아는 일들과는 전혀 다른 일들이 일어난다는 사실을 알게 되었다. 그것은 우리의 상식이나 실세계에서 보고 경험하여 알게 된 작은 양자 세상에서 일어나는 일들을 설명하는데 아무 도움이 되지 못한다는 것을 뜻한다. 자연을 수학으로 기술한다. 그러면 그 수학을 어떻게 이해해야 할까?

양자물리학은 우리가 실세계의 경험으로 이해할 수 있는 현상들을 다루기 위해 고안한 물리학이다. 물리학에서는 수학을 이용해 자연을 기술한다. 그것은 고전물리학이나 양자물리학에서도 마찬가지다. 그러나 고전물리학에서는 자연 현상을 기술하는 수학 그 자체가 가진 의미가 명확했기 때문에 별도의 해석이 필요하지 않았다. 그러나 양자물리학에서는 우리에게 익숙하지 않은 세상을 다루기 때문에 수학 그 자체가 무엇을 뜻하는지를 설명하는 해석이 필요해졌다.

물질작용과 정신작용은 근본적으로 에너지의 작용으로서 에너지의 본질을 나타내는 것이다. 그러므로 에너지의 본질을 알고 나면, 나의 고통과 집착에 대한 모든 것을 일소할 수 있는 이론적 배경이 된다. 왜냐하면 나라고 삼을 것은 그 어디에서도 찾을 수 없기 때문이다.

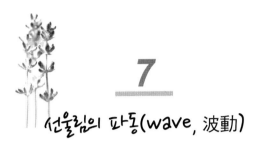

7

선울림의 파동(wave, 波動)

(1) 파동의 개념

파동이란 공간이나 물질의 한 부분에서 생긴 주기적인 진동이 시간의 흐름에 따라 주위를 멀리 퍼져나가는 현상을 말하며, 물질의 최소 부분을 파동으로 정의할 수 있다. 파동이 가지는 마법은 시간과 공간을 초월해서 존재하며, 이 세상 만물의 근원이 되는 에너지가 된다. 그리고 그 에너지의 파장은 온 우주 전체에 연결되어 있다는 것을 나타내어 준다. 호수 수면 위에 돌을 던져보자. 돌이 던져진 자리를 중심으로 원형 고리 모양의 물결이 가장자리로 퍼져나가는 것을 볼 수 있다. 이렇듯 물결이 한 지점에서 생긴 진동이 사방으로 퍼져나갈 때 이를 물결파라고 말하며, 비슷하게 어떠한 진동이 주위로 전파되어 나갈 때 이를 파동이라 부른다. 그리고 파동은 에너지를 전파할 뿐 물과 같은 매개 물질을 직접 이동시키지는 않는다. 진동수가 같은 에너지가 가해졌을 때 에너지는 그에 반응한다.

- 폭포소리, 새소리, 빗소리, 바람소리 등 (자연물질 고유의 파장)
- 피아노: 440Hz (피아노의 '라'음의 정도)
- 다리가 무너짐 (다리 소재에 따라서 물질 각자 고유의 파장)
- 일반 주파수 (라디오, TV, 휴대전화기)
- 정신적 주파수 (알파, 베타, 감마)

(2) 파동의 성질

파동은 장애물이 없을 때는 직진하고, 가는 틈을 만났을 때는 회절하며, 성질이 다른 매질을 만났을 때는 굴절한다. 또 장애물을 만났을 때는 반사도 하며, 두 파동이 서로 만났을 때 간섭 현상을 일으킨다.

(3) 파동의 공간적 시간적 특징

한 사람을 묘사하기 위해서 이름, 키, 나이 등등이 필요하듯 파동을 묘사하기 위해서도 이러한 역할을 하는 비슷한 용어들이 정리되어 있다. 시간의 흐름을 멈춘 상태에서 관찰한 파동을 기술하기 위해서는 진폭, 파장, 마루, 골 등의 용어를 알아야 할 필요가 있다. 또한, 공간의 한 점에서 시간이 흘러감에 따라 파동이 보이는 행동 방식을 이해하기 위해서는 주기, 진동수 등의 용어를 알아야 할 필요가 있다.

(4) 마음에서 육체로 정보가 전달되는 과정

표면 의식에서 마음을 일으킨다. → 표면 의식에서 마음의 내용이 자기의 개인 무의식 층에 전달 → 개인 무의식의 마음의 내용이 집합 무의식 층에 전달 → 집합 무의식의 마음의 내용이 육체의 파동 구조에 전달 → 육체의 파동 구조의 내용은 육체의 입자 구조에 전달된다.

(5) 선울림의 파동

사람들은 산 정상에 올라가면 산 아래를 바라보면서 소리를 지르고 싶어 한다. 그때 소리를 표현하고자 하는 마음은 사람마다 각각 다르다고 생각한다.

어떤 사람은 정상에 오른 기쁨으로 외쳐보고, 어떤 사람은 산울림의 소리가 좋아서 외쳐보고, 어떤 사람은 가슴속에 쌓였던 울화를 풀기 위해서 외쳐본다.

아무튼 산 위에서 소리를 지르거나 노래를 부르고 나면 마음이 편안해진다는 것을 기분으로 느낄 수가 있다.

숲 속에 담겨 있는 파동의 기능들은 사람의 감성 변화에 도움을 준다.

－주간에 파동 느낌을 체험할 수 있는 소리:

사람의 노랫소리, 새들의 합창 소리, 냇물이 흐르는 소리, 바람에 나뭇잎이 스치는 소리 등이 있는데 숲 속에서 주간에 들려주는 소리는 사람의 마음을 편안하게 해준다.

－야간에 파동 느낌을 체험할 수 있는 소리:

개구리울음 소리, 고라니 소리, 멧돼지 소리, 부엉이 소리 등이 있는데 숲 속에서 야간에 들려주는 소리는 사람의 마음을 공포심과 함께 불편하게 한다.

위와 같이 자연 속에 놓인 소리들은 사람들의 감성 조율에 많은 도움을 준다.

그러나 같은 장소에서 같은 물체가 작용하는 소리의 효과는 주간과 야간의 파동 방식에 따라서 사람들이 느끼는 감정이 다르다고 생각한다.

2단계 : 실행편

8
정신작용과 선울림작용

지금까지는 실행을 위한 이론을 살펴보았다면, 단원 8부터는 실천적으로 실행할 수 있는 것들을 나타내주는 내용들이다. 여기서부터는 각각의 단계 및 상황에서 어떻게 작용하며 대처해야 하는지를 나타내 주는 과정이다. 이 모든 것은 자기를 중심에 두고 이루어진다. 즉 행복은 환경과 타인을 바꾸어서 행복해지는 것이 아니라, 내가 어리석음을 알고 그것을 깨달아 가며 실천해 가는 것을 핵심으로 풀어가고자 한다.

(1) 감사와 긍정적인 사고

인체에 미치는 영향이 긍정적인 요소로 나타나서 자신의 정신건강과 업무 능률을 북돋아 주는 기능을 해준다.

(2) 불만과 부정적 사고는

인체에 미치는 영향이 부정적인 요소로 나타나서 자신의 정신건강 상태를 비롯해서 업무 능률을 저해시키며, 자기 주변 사람들로부터 소외감을 가져오는 현상을 가져온다.

감사와 긍정적인 사고를 하려는 자세는 욕심을 내어서 되는 것이 아니라, 감사에 대한 긍정적인 사고의 결과물이 발생할 때 긍정적인 마음이 생기게 된다.

(3) 감사와 긍정적인 사고의 사례

결혼식장에서 신랑 신부가 결혼식을 올릴 때, 부모님께는 감사를 드리는 마음과 신랑 신부에게는 앞으로 잘 살아가면서 부모님께 효도를 해야지 하는 긍정적인 마음으로 결혼식을 올린다. 그날의 주인공들은 그 순간이 자신이 세상을 다 얻은 것처럼, 마치 왕자가 되고 공주가 된 것처럼 몸에서는 최상의 기분으로 기운이 넘쳐나게 된다. 그런데 그 관경을 바라보는 부모의 눈가에서 눈물이 흐르기 시작한다.

왜 그런 현상이 발생될까? 성인들이 자신도 억제할 수 없는 눈물을 흘린다는 것은 자기 자신의 내면과 선울림이 작용했기 때문이며, 상호 간에 공감대를 형성하고 있다는 증표이기도 하다. 그 순간 눈물은 기쁨과 긍정적인 감성이 넘쳐 흐르는 눈물이다. 그동안 서로 간에 쌓였던 갈등들을 위로하며 '그래 자식들아 잘살아라. 더 많은 것들을 못해줘서 미안하구나.' 라는 마음이 담겨 있는 눈물이다. 이후에는 부모나 자식들은 자기에게 주어진 일들을 더욱더 열심히 하게 되어 모든 일이 실타래가 풀리듯이 잘될 것이다.

(4) 불만과 부정적인 사고의 사례

어떤 사람이 입사 시험을 치기 전에 희망과 긍정적인 마인드를 가지고 시험을 치렀다. 며칠 후 발표가 났는데 떨어진 결과를 맛보았을 때 불만의 과정은 이렇다. 시험을 치르는 환경이 나쁘고 시험문제 출제가 잘못되었다는 등 부정적인 생각이 가득한 채 자신의 잘못에 관해서는 반성을하지 않고 불만과 짜증만 낸다면 일상생활에서 자신에게 백해무익하게된다.

9

사람 간의 선울림 작용 |

(1) 사람 간의 선울림

인간관계에서도 상대방의 입장에서 바라보게 되면 이해 안 될 것이 없을 것이다. 자연 속에서 자신을 숲의 입장에서 바라보고, 숲이 들려주는 소리에 귀를 기울여 보자.

(2) 선울림 작용 사례

● 부부 사례

아내: 어느 날 아내가 남편에게 스트레스가 담겨 있는 잔소리를 많이 하고 있다.

남편: 오늘 아내가 동네 아줌마들하고 모임 자리에서 안 좋은 일이 있었구나. 또는 인척들과 전화통화를 하면서 오늘 기분이 나쁜 일이 있었구나. 그 원인을 빨리 인지해서 대처 방법을 찾아야 한다.

아내: 낮에 있었던 일 때문에 저녁 식사시간에 마주 앉아서 화난 얼굴

을 하고 있다.

남편: 그래, 그 사연 속에는 그럴만한 이유가 있겠지 하고 이해하며 선울림(공감대 형성)을 하고 나면 남편이 아내에게 선울림을 하게 된다.

아내: 지금 내가 화를 많이 내고 있는데 남편은 화난 이유에 관해서 선울림(공감대 형성)을 해주니 화가 서로 충돌이 되지 않고 아내가 남편에게 선울림을 하게 된다.

● 직장 사례

사장: 사장이 직원에게 업무처리가 잘못되었다고 해서 호통을 심하게 친다.

사원: 크게 잘못을 한 일도 없는데 이렇게 심하게 욕을 먹고 나니 매우 화가 난다. 직장을 사표 낼까, 아니야 평소에 사장님은 그렇지 않았어.

사장: 몇 시간이 흐른 뒤에 다시 사원을 부른다. 그리고 사장은 사원에게 그대가 잘못한 내용이 크게 욕을 할 정도는 아니었다고 선울림(공감대 형성)을 하고 나면 사원이 사장님에게 선울림을 하게 된다.

사원: 그래, 사장님께서 오늘 그럴만한 이유가 있었겠지. 나를 무시해서 욕을 한 것은 아닐 거야. 선울림(공간대 형성)을 하고 나면 사장이 사원에게 선울림을 하게 된다.

● 이웃과의 관계 사례

주민 A: A는 농촌으로 귀촌을 하여 전원생활을 하고 있다.

주민 B: A씨와 농토를 경계로 하며 바로 옆집에서 복합 영농을 하면서 살고 있다.

주민 A: 어느 날 말다툼이 있어서 관계가 원만하지 못했으며, 그 이후에 관계가 더욱 악화되어 이제는 얼굴조차 보기를 싫어한다. 그러나 마을에 함께 살기 때문에 어쩔 수 없이 자리는 같이하는데 서로 말을 하지 않는다.

주민 B: A와 B는 일상생활에서 불편함과 불행한 삶이라는 것을 스스로 인지하고 있다.

주민 A: 어느 날 스스로 화를 다스리고 B에게 그럴만한 사정이 있었겠지라고 선울림(공감대 형성)을 하게 된다. 그 이후로는 A는 B에 관해서 나쁜 것도 없고 나빠할 일도 없다는 것을 깨닫게 된다.

이런 경우는 상호 간에 직접 만나지 않고서 갈등을 풀고 상대와 선울림(공감대 형성)을 만들어주는 사례이다.

(3) 선울림을 통한 기대 효과

● 부부의 사례에서

가정에서부터 한 번 화를 내기 시작하면 먼저 자신에게 불화살을 쏘게 되고, 그 다음은 화를 낸 상대방이 불화살을 맞고, 그 다음은 모든 관계에서 발생되는 사람들에게 불화살을 날리게 된다.

● 직장의 사례에서

남편이 아내에게 선울림을 하게 되면 다시 남편이 가족과 공감대를 형

성하게 되고, 그러므로 가족이 화목해지며, 남편이 직장에 가서 직장인
들과 화목하게 지내면, 직장이 화목해지고 사회가 건전해진다.

● 이웃의 사례에서
상대방에서 화해를 청해 오기를 기다리지 말고 내가 먼저 자청해서 스
스로 선울림을 실행하는 자세를 갖추어야 한다.

10
사람 간의 선울림 작용 II

(1) 마음 던지기 과정

① 두 개의 물건을 서로 간격이 떨어지게 준다.

② A를 보고 B에게 마음을 던진다. 그리고 각각의 것을 돌아가며 적용한다.

③ B를 보고 A에게 마음을 던진다. (마음속으로 무슨 말을 하려고 그러나 하고 눈과 귀를 쫑긋 세우고 의식을 집중한다.) 그리고 각각의 것을 돌아가며 적용한다.

④ 마지막 대상으로 하는 목적 물체에 눈과 귀를 쫑긋 세우고 의식을 집중하며 마음을 던진다.

(2) 사람 간의 선울림 행법

① 실행자가 원하는 상대의 물체를 선정한다.

② 실행을 하고자 하는 상대의 물체 앞에 자리를 한다.

④ 눈을 감고 복식호흡을 3회 실행하면서 마음을 평온하게 한다.

⑤ 마음을 던지고 청취할 때는 코끝에 의식을 집중하는 자세를 취한다.

⑥ 실행 시간은 90초 실행하고 10초간 휴식을 하면서 10회 이상 연속 진행한다.

(3) 사람 간의 선울림 작용 실행

- 진행자: 물건의 종류를 가리지 않고 두 개의 물건(예: 단풍잎과 구겨 놓은 꽃)을 선정해서 서로 간격이 1~3m 떨어지게 놓고 물건을 보고 마음 던지기를 할 수 있도록 준비해 준다.
  (그리고 실행하는 행법을 설명해 준다.)
- 실행자: 처음에는 단풍잎을 보고 마음을 던진다. 이때 무슨 말을 하려고 하나…… 마음속으로 생각하면서 눈으로 보고 귀를 쫑긋 세우고 의식을 집중한다. 그런 다음 꽃에게도 동일한 방법으로 마음을 던져 본다. 그리고 다시 단풍잎을 보고 마음을 던진다. 역시 무슨 말을 하려고 하나…… 마음속으로 생각하면서 눈으로 보고 귀를 쫑긋 세우고 의식을 집중한다.

(4) 실행을 통한 기대 효과

이 수련 기법을 통해서 단풍잎 속에 담겨 있는 마음과 다음에 하고자 하는 행위들이 아주 또렷하고 깨끗하게 보이게 된다. 또한, 이 수련 기법은 정신을 집중하는데 도움을 준다. 예를 든다면 학교에서 학생이 수업을 받고 있을 때 선생님께서 전달하고자 하는 말의 의중을 잘 파악할 수 있게 되고, 회사에서는 사장님이나 고객들이 원하고자 하는 의중을 잘 파악하는데 도움을 준다. 특히 부부 사이에서도 상대방의 의견을 잘 파악하고 존중해줄 수 있기 때문에 갈등을 예방하고 행복감을 느끼는데 초석이 되어 준다.

11
사람과 대상간의 선울림 작용
(실천 : 마음 던지기)

(1) 사례 1

집앞 텃밭에서 양파가 자라고 있다. 나는 양파를 보면서 나는 너를 사랑한단다. 잘 자라주어서 고마워라고 말을 자주 해준다.

● 선울림 작용 실행

주인공: 안녕, 양파야. 네 잎이 매우 싱싱하구나!

양　파: 안녕, 주인님도 오늘은 예뻐요.

주인공: 나는 너를 사랑한다. 그래서 나는 오늘 너에게 영양분을 주려고 한다.

양　파: 어떤 영양분을 주실 건데요.

주인공: 물론 네가 좋아하는 유기농 거름을 주고 싶어.

양　파: 건강하게 잘 자라서 좋은 양념이 되도록 할 거예요.

그래서 그런지 몰라도 양파는 건강한 색으로 잘 자라며, 물론 영양분도 풍부하고 맛도 별미를 느낄 수 있다. 양파는 혈당을 조절하는 강력한 기능을 갖추고 있어서 성인 당뇨병과 비만을 막는데 도움을 주며, 양파는 몸에 불필요한 젖산과 지방을 녹인다. 고기를 먹을 때 양파를 곁들이면 지방이 몸 안에 쌓이는 것을 어느 정도 예방할 수 있다. 조리를 해서 시식을 할 때에도 좋은 음식재료가 되어주어서 고맙고 감사하다고 이야기를 해준다. 그러면 음식의 맛이 좋고 영양소도 고루 흡수되어 생체 건강지수를 높여주는 효과를 보게 된다.

(2) 사례 2

가정에서 콩나물을 길러보자. 작은 시루에 콩나물을 재배하는 과정이다.

● 선울림 작용 실행

주인공: 안녕, 콩나물 밤새 많이 자랐구나!

콩나물: 안녕, 주인님 반가워요.

주인공: 나는 오늘 너에게 맛있는 물을 주려고 한다.

콩나물: 아이 좋아라. 영양분이 있는 물을 먹으면 무럭무럭 잘 자라겠네요.

주인공: 그래 영양분이 있는 물을 먹고 잘 자라주렴. 나는 네가 잘 자라는 것을 보면 행복감을 느낀단다.

콩나물: 주인님 감사합니다. 씩씩하게 잘 자라서 식탁에 오르도록 하겠습니다.

'콩나물 시루에서 콩나물이 자라는 효과'라는 말을 자주 인용을 하는데 이 말은 성인들의 교육 열기를 높이고자 할 때 자주 사용되고 있는 말이다. 콩나물을 머리와 꼬리로 흔히 표현을 하는데, 정확하게 머리는 전문용어로 콩이 자라서 떡잎이 되는 부분이다. 꼬리라고 부르는 부분은 배축(hypocotyl)과 뿌리(root)의 부위로 구성되어 있다. 재배 기간 콩나물의 성장은 종속 영향, 즉 저당 성분에 의존적이다. 배축의 성장은 자엽의 저장 물질이 분해되어 일부는 대사 에너지로 사용되고 일부는 배축으로 이행되면서 재합성되어 배축부 및 뿌리를 형성한다.

오래전부터 술을 먹은 다음 날에는 콩나물해장국을 먹었으며 감기에 걸려도 콩나물을 먹었다. 콩나물에 들어 있는 아스파라긴이 독성에 강한 알코올의 대사 산화물을 제거함으로써 숙취에 좋다는 사실이 국내 연구진에 의해 분명하게 밝혀졌다. 이로써 예부터 감기와 숙취에 콩나물국을 먹던 습관이 과학적 근거에 바탕을 둔 것임이 사실로 증명된 것이다. 또한, 콩나물에는 바타민 C, 비타민 A가 풍부하게 들어 있고, 양질의 섬유소와 풍부한 저칼로리 아미노산군과 효소군은 장내 숙변을 완화시켜 변비 예방을 돕고 피부 미용에도 효과를 준다.

(3) 사례 3

생체에 유익하고 세계적으로 유명한 물이 있는 4개의 지방은 프랑스의 루르드의 샘물, 독일의 노르데나우의 물, 멕시코의 트라코테의 물, 인도의 나다나의 우물 등이 있다. 물 한 잔을 마실 때에도 내 몸이 되어주어서 고마워라고 물과 선울림을 하게 되면 체내에서 흡수 활동이 매우 빠르게 순환하게 된다.

● 선울림 작용 실행

주인공: 생체에서 물이 필요하다고 신호를 보내온다. 그래서 나는 물
　　　　을 먹고 싶다.

생　수: 주인공님 여기 생수가 있습니다. 저는 맑고 미네랄이 풍부하며
　　　　조직체가 건강한 물입니다.

주인공: 아, 그렇구나. 너의 맑은 물을 내가 마시게 되어서 고맙구나.

생　수: 나도 주인공님과 하나가 되어서 반가워요.

주인공: 생수야, 너가 내 몸속으로 들어가서 모세혈관까지 잘 순환을
　　　　시켜다오.

생　수: 저는 주인공님의 세포가 되고 피가 되어서 몸이 건강하도록 씩
　　　　씩하게 활동을 하도록 할 거예요.

(4) 사례 4

자동차는 나에게 귀중한 보물 1호에 가까운 존재이다. 왜냐하면, 나의
발이 되어주기 때문이다.

● 선울림 작용 실행

주인공: 자동차야, 너는 내 발이 되어 주어서 고맙구나.

자동차: 나도 주인공님을 만나게 되어서 반갑고 칭찬까지 해주시니 고
　　　　맙습니다.

주인공: 여름에는 덥고 겨울에는 추운데 얼마나 고생이 많니? 참으로
　　　　미안하구나.

자동차: 저는 철인과 같은 관계로 그런 환경 정도는 견딜만해요.

주인공: 나는 평소에 자동차를 타고 다니면서 네가 고생하는 것을 보

고 마음 아프게 생각한단다.

자동차: 주인공님 걱정하지 마세요. 저는 항상 하는 일인데요. 주인공
님께서 아껴주시고 사랑까지 해주시니 감사하고 힘이 새롭게
나네요.

주인공: 그래, 너가 그렇게 생각해주니 나로서도 감사할 뿐이다. 그리
고 내 발이 되어준 너를 사랑한다.

(5) 사례 5

숲은 내 몸 밖 공간 속의 허파이다. 내 몸 안의 생체 허파와 조화를 이
루어야 생명을 연장할 수 있다. 나무가 만들어 내는 산소가 없다면 인간
은 숨을 쉬기가 어렵고 생명을 연장할 수 없을 것이다. 그러므로 나무와
나는 호흡을 통하여 서로 생존하고 성장해 가는 상호 의존적 존재임을
확인하고, 동시에 휴선 호흡(휴 : 날숨, 선 : 들숨)을 실행하면서 나무와 교
감을 하는 기회를 가져본다. 나무야, 너는 오늘도 그 자리에 가만히 서서
있구나. 온종일 서 있으니 다리가 얼마나 아플까? 나무야, 고맙다. 나
에게 산소도 주고 열매도 주고. 그런데 나는 너에게 줄 것이 없어. 아, 있
다. 영양분이 될 수 있는 거름을 주고 네가 잘 자라라고 매일 사랑을 듬
뿍 줄 거야!

정원에 있는 나무와 선울림을 해본다.

A: 나는 나무와 어떤 관계일까요?

B: 일상에서 상거래를 하듯이 주고받는 관계라고 생각합니다.

A: 그런데 거래처와 상거래가 끊어지면 어떻게 될까요?

B: 글쎄요, 나무는 살 수 있을 것 같은데 나는 살 수 없을 것 같아요.

A: 그동안 나는 나무를 어떻게 대하고 있었나를 생각해 봅니다.

B: 나무를 단순하게 목재로만 바라보았을 뿐 관심이 없었습니다.

A: 그렇다면 앞으로 나무를 어떤 마음으로 대해야 할까요?

B: 나무가 곧 나의 분신이라고 생각하며 내 속에 나무가 있고 나무 속에 내가 있음을 항상 잊지 않고 살아가겠습니다.

A: 휴선 호흡을 통하여 무엇을 느낄 수 있었나요?

B: 나무도 사람의 생리와 같다는 느낌을 받았어요.

A: 나무에 생리를 통해서 나무의 마음이 내 마음에게 전해지는 것을어떻게 느낄 수 있었나요?

B: 신선한 산소 교환을 통하여 기분이 상쾌해지는 것을 느꼈어요.

A: 생활 속에서 자신의 좋지 않은 기분을 나무가 호흡을 통하여 전달받으면 어떠한 반응을 보일까요?

B: 나무는 좋지 않은 기분을 나이테 속으로 감추고 좋은 기분을 느낄 수 있도록 향기를 선물하지요.

(6) 실행을 통한 기대 효과

이 모든 것은 파동이론과 심장의학의 이론(Heart, electro magnetic field)과 관련성을 두고 있으며 생활 속에서 역지사지(易地思之)의 과정을 순행으로 실천하는 행법이라고 말할 수 있다.

12

담체 괴로움의 작동 원리

단원 12부터는 일반인들이 가장 많이 겪고 있는 화(火)의 원리를 나타
내는 부분이다. 화의 본질적인 원리와 대처 방안으로서 알아차림 6단계
를 나타내고자 한다. 이 알아차림 6단계의 내용은 단순히 화에서만 적용
되는 것이 아니라, 자신에게 일어나는 모든 근심과 욕구, 욕심 등 모든 것
에 적용이 가능하다. 가령 화를 내거나, 기대하거나, 금연, 금주, 금욕, 금
식 등 모든 것에 적용이 가능하다

(1) 육체의 작용

육체는 정신의 바탕(형질)이고 정신은 육체의 작용이다. 정신과 형질
(육체)의 관계는 마치 예리한 칼날의 관계와 같다. 데카르트는 철학적으
로 정신과 물체의 이원론을 주장하면서도 인간에게 있어 정신과 육체가
서로 작용하는 듯이 보이는 현상의 문제를 설명하기 위하여 실체론에 예
외를 인정하지 않을 수 없었다.

그것 실체는 모든 점에서 즉 존재에 있어서, 의식에 있어서, 그리고 작용에 있어서, 서로 독립적이지만, 인간에 있어서만은 서로 다른 실체들 사이에 영향을 주고받을 수 있다는 것을 인정한 것이다.

정신과 육체는 신경을 통하여 운동 기능에 영향을 미쳐서 운동의 에너지로 변환되어 물리적으로 건강 작용에 도움을 주게 된다.

- 등배 운동의 기능: 자율신경의 길항작용을 유도하는데 도움을 준다.
- 배 운동의 기능: 미주신경이 활동하여 체액이 알칼리성으로 기운다.
- 등 운동의 기능: 교감신경이 활동을 하여 체액이 산성으로 기운다.
- 등과 배를 동시에 움직이면 체액을 중화시켜 정신이 맑아지고 집중이 잘되는 상태를 유지하게 된다.

(2) 마음의 작용

① 마음은 내 생각이 옳다고 하는 것에서 비롯된다.

옳고 그른 것이 따로 있는가 하는 질문에 실제로는 옳고 그른 것은 없다는 것이다. 옳고 그른 것이 없으므로 옳은 것도 아니고, 틀린 것도 아니라 다만 그럴 뿐이다.

② 생각이라는 것은 본래부터 있었던 것인가? 아니면 생성된 것인가?

생각이라고 하는 것은 형성된 것이다. 내가 어떤 사고 작용을 일으키는 것은 반드시 뇌 속에 있는 기억들과 새롭게 만들어온 정보의 반응일 뿐이다. 그러니 생각이라는 것은 본래 있었던 것이 아니라, 다만 그런 작용이 있을 뿐이다. 그래서 자꾸 생각들의 단편이 쌓이면, 나의 생각도 달

라지게 된다. 그러므로 생각은 단지 변할 뿐이지 이것이 내 생각이라고
할 것은 없다.

③ '나'라고 할 것이 있습니까?

본질적으로 나라고 할 것은 없다. 단지 작용만 있을 뿐이다. 매미 소리
를 듣고 그 소리를 가지고 매미라고 지칭할 수 없듯이, 나라고 하는 작용
을 본질적으로 나라고 할 수 없는 것과 같다. 그리고 우리가 일반적으로
나라고 하는 존재는 관계 속에서 존재하는 명제화된 관념일 뿐, 그 관념
자체를 나라고 삼을 수도 없고 삼을 것도 없다.

(3) 마음과 육체의 작용 (순행과 역행)

인간이 눈을 통해서 정보를 받아들이는 경우, 눈은 단지 캠코더와 같은
역할을 한다. 그래서 정보를 받아들여서 뇌에 저장하는 일련의 과정을
거치게 된다. 이러한 정보들이 실제로 조합되기 전까지는 어떤 의미도
지니지 못한다. 단지 그 해당 정보를 받아들이는 사람의 이전까지의 삶
에서 축척되어진 정보와 생각의 패턴에 따라 그 정보를 조합하게 된다.
이것은 마치 감독자가 많은 영화를 찍어서 자기만의 생각으로 영화를 조
합하고 편집하는 것과 비슷한 원리이다.

우리는 끊임없이 외부에서 들어오는 정보를 있는 그대로 받아들이지
않고, 끊임없이 편집을 통해서 왜곡된 정보로 인식하고 있다. 그래서 실
제로 현실이라고 하는 것은 그것을 어떻게 인식하느냐에 따라 달라진다.
사람들이 실제로 생각하는 것이 그 사람의 현실이라고 받아들이게 된다.

(4) 6가지의 대상체

6가지의 감각 기관이 파악하는 정보의 대상체를 살펴보면

* 싫은 냄새 : 모두가 싫어하는 배설물(사람, 동물) 냄새
* 싫은 사람 : 자신을 미워하는 사람
* 싫은 느낌 : 자신의 마음으로부터 정신과 육체적 감각으로 생기는 괴리감
* 싫은 맛 : 자신 안에 입력된 기호로부터 새로운 맛을 접할 때
* 싫은 환경 : 삶의 가치 기준 (주거용 집, 이웃, 회사, 사회)
* 싫은 물질 : 개성에 따라서 물질의 대상이 다를 수 있다.
  (뱀, 호랑이, 멧돼지, 개. 쥐 등)

(5) 6가지의 수용 기관

만약에 사람이 눈이 없다면, 싫은 사람이 앞에 있다고 하더라도 눈이 없으므로 볼 수 없다. 그러므로 싫은 사람에 대한 정보를 인식하지 못하니까 괴로울 일이 없다. 만약에 사람이 눈이 없다면, 맛이 있는 과일이 앞에 있어도 볼 수가 없기 때문에 먹고 싶다는 생각이 없을 것이다. 만약에 사람이 눈이 없다면, 아름다운 옷들이 앞에 있어도 볼 수가 없기 때문에 좋은 옷을 입고 싶다는 선택권이 없고 남의 눈치를 보지 않아도 될 것이다.

(6) 6가지의 인식하는 뇌

눈으로 들어온 정보를 뇌 속에서 인지할 수 있는 부분의 뇌가 정상 작동을 하지 못하거나 손실된 경우라면, 감각 기관의 수용체를 통해서 들

어온 정보를 뇌가 인식할 수 없다.

• 3가지의 느낌(feeling) : 좋다 / 싫다 / 좋지도 싫지도 않다. (3가지)

느낌이 좋아서 괴롭고, 느낌이 싫어서 괴롭고, 느낌이 좋지도 싫지도 않아서 괴롭게 된다.

• 3가지의 감정(emotion) : 즐겁다 / 괴롭다 / 즐겁지도 괴롭지도 않다. (3가지)

감정이 좋아서 괴롭고, 감정이 싫어서 괴롭고, 감정이 좋지도 싫지도 않아서 괴롭게 된다.

• 3가지의 시간대 : 과거 / 현재 / 그리고 미래 (3가지)

지난 일, 지금 하고 있는 일, 앞으로 할 일. 이 모두를 합산하면 6 * 3 * 3 * 3의 과정이 100가지 이상의 괴로움의 씨앗이 된다.

13
과거 - 현재 - 미래에
따른 정신 원리

과거의 원인 (1~2단계)

1~2단계는 과거의 원인이 된다. 현재의 모든 사람들은 과거에 지혜를 가지지 못했기 때문에 과거의 다양한 행위 작용, 언어 작용, 그리고 사고 작용을 하게 된다.

(1) 1단계 : 무지(ignorance), 과거

- 처음에는 아무것도 모르는 상태에서 이루어지게 된다.
- 지혜롭거나 알아채지 못하는 상황에서 발생하게 된다.
* 예) 아기 단계(0~3세) : 아이는 아무것도 모르는 상태에서 받아들이게 된다.

    유아와 어린이 단계(3~9세) : 평생 학습의 기본 틀이 형성되는 단계, 평생 학습의 80%가 이루어지는 단계

(2) 2단계 : 내가 형성되어 가는 것(fomation)

‑ 함께 짓는 일 / 행위가 일어나고 습관화되어 가는 초기 단계
‑ 위와 같은 행위는 다음과 같이 세 가지로 구분된다.

① 신체에 의한 행위 작용
② 말에 의한 언어 작용
③ 의식에 의한 사고 작용

* 예) 담배를 20년 동안 피워온 사람이 있다고 가정하고 이 사람이 담배를 피우게 된 계기를 거슬러 올라가 보면, 최초에 담배를 피우게 된 계기가 있을 것이다. 그때 담배를 피게 된 계기는 다양하겠으나, 그 최초의 한 대의 담배를 피우게 된 계기는 무지에서 비롯되었을 것이다. 그리고 그 이후로 지금까지 계속 반복되면서, 흡연하는 습관이 강하게 들게 된다. 그래서 흡연 기간이 길어지면 길어질수록 습관이 점점 더 강하게 들어서 끊기가 곤란해지는 이치와 같다.

현재의 2가지 결과 (3~4단계)
과거의 2가지 원인으로 해서 현재의 2가지 결과가 발생하게 된다.

(3) 3단계 : 의식(consciousness)

‑ 전5식(몸) : 눈, 귀, 코, 혀, 몸의 기능을 통해서 감각 작용을 만들어낸다.
‑ 제6식(의식) : 전5식을 통한 정보를 지각 · 추리 · 상상 · 기억 · 판단의 인식과 의식 작용이 일어나는 곳을 말한다.

– 제7식(미주신경) 에고의식, 자아의식(egoconsciousness): 자기라고 하는 부분이 형성되는 곳을 말한다

– 제8식(교감신경) 무의식(subconsciousness): 제6식을 통해서 이루어진 의식 작용의 모든 경험과 지식이 축척되어있는 곳을 말한다. 인식 판단의 의식 작용에는 과거에 축척된 정보(잠재 의식화되어있는 정보)가 의식의 작용에 관여한다.

* 예) 담배를 피우면, 피운 경험이 계속 축척된다. 근육운동을 하면, 점점 더 근육이 커지고 단단해지듯이 우리의 경험으로 인해 형성된 습관이 점점 더 커지게 된다. 이때 식은 크게 5가지의 식이 작용을 해서 제6식, 제7식, 제8식으로 나누어지게 된다.

사람들이 손을 움직이거나 말을 할 때, 사람들이 그렇게 하려고 의식적으로 시작하기 전에, 이미 뇌의 어떤 신경세포가 활성화된다는 실험결과가 있다. 이 실험이 의미하는 바는 우리가 일반적으로 의식을 통해서 모든 것이 이루어진다고 하는 것이 아니라, 의식 이전에 먼저 무의식의 작용이 나타난다는 것을 나타내는 것을 의미한다.

※ 참고사항

제7식(미주신경) 말나(末那)는 산스크리트어 manas의 음사로, 의(意)라고 번역하고 식(識)은 산스크리스어 vijnana의 번역이다. 아뢰야식(阿賴耶識)을 끊임없이 자아(自我)라고 오인하여 집착하고, 아뢰야식과 육식(六識) 사이에서 매개 역할을 하여 끊임없이 육식이 일어나게 하는 마음 작용으로 항상 아치(我痴), 아견(我見), 아만(我慢), 아애(我愛)의 네

번뇌와 함께 일어난다. 아뢰야식에 저장된 종자(種子)를 이끌어 내어 인식이 이루어지도록 하고, 생각과 생각이 끊임없이 일어나게 하는 마음 작용을 말한다.

(4) 4단계 : 수(受, sensation), 느낌

수의 작용은 다음과 같다.

– 첫 번째는, 감수작용(perception) 후에 느낌(feeling)과 분별심(differentiation)이 일어나게 된다. 좋다, 나쁘다, 좋지도 나쁘지도 않다라는 3가지의 작용으로 구분된다.

– 두 번째는, 감정(emotion)이 일어난다. 즐거움, 괴로움, 즐겁지도 않고 괴롭지도 않은 것으로 3가지의 작용으로 구분이 된다.

– 수(受) 단계에는 지금까지 형성된 과거의 정보가 적극적으로 작용을 하게 된다.

＊ 예) 담배를 끊으려고 생각했는데 지나가다가 담배 냄새를 맡으면, 과거의 습관으로 인해서 3가지 반응됨과 동시에 과거의 업식이 작용을 해서 피우고 싶다고 하는 다음 단계인 갈애 단계로 넘어가게 된다.

■ 알아차림 1단계 접목 사례: 바로 이 수(受) 단계에서 과거의 업식이 작동해서 "나의 감정과 분별심이 일어나고 있구나."라는 것을 알아차리는 것이 매우 중요하다.

현재의 3가지 원인 (5~7단계)

(5) 5단계 : 욕구(desire, thirst, craving), 갈애

동기 : 그렇게 하고 싶다. 그렇게 하고 싶지 않다.

- 욕애 : 욕구에 대한 갈망. 무엇을 좋아하는 것뿐 아니라
  싫어하는 것 또한 포함한 것을 말한다.
- 유애 : 존재하고 있는 것에 대한 갈망
- 무유애 : 존재하고 있지 않은 것에 대한 갈망

＊예) 담배를 피우고 싶다는 갈망이 일어나는 단계이다.

■ 알아차림 2단계 접목 사례 : 1단계를 놓쳤으면, "내가 지금 담배를 피우고 싶은 생각에 사로잡혀 갈망하고 있구나."라고 하는 것을 알아차리는 단계

(6) 6단계 : 취(attachment), 집착, 달라붙다

동기의 지속 : 꼭 해야지, 꼭 하지 말아야지 하는 것들을 마음으로 행하는 작용
  - 신체에 의한 행위 작용
  - 말에 의한 언어 작용
  - 의식에 의한 사고 작용

＊예) 담배를 피우고 싶다는 갈망이 지속되는 단계로서, 머릿속으로

참고 있거나, 행동으로 옮기게 되는 모든 상황을 언급한다.

- 알아차림 3단계 접목 사례: 2단계를 놓쳤으면, "내가 지금 담배를 피우고 싶은 생각에 사로잡혀 갈망이 지속되고 있구나."라고 알아차리는 단계
- 알아차림 4단계 접목 사례: 3단계를 놓쳤다면, "내가 지금 담배를 피우고 있고, 경계에 끌려가고 있구나."라고 알아차리는 단계
- 알아차림 5단계 접목 사례: 4단계를 놓쳤다면, "내가 이번에는 담배를 피웠지만, 이제 다시 발심하여 다음번에는 알아채고, 이 마음으로부터 승복을 받아야겠구나."라고 재발심을 내는 단계

(7) 7단계 : 유(becoming), 업의 과가 발생하는 단계

- 알아차림 6단계 접목 사례: 5단계를 놓친 경우에, 담배를 피움으로 해서 발생되는 여러 가지 질병이나 부정적인 결과(받아들이지 않으려고 하는 마음이 생길 때)가 발생할 때, 이 결과가 위의 일련의 과정으로 발생이 된 것이라는 것을 지각한다. 겸허하고, 겸손한 마음으로 받아들이는 단계로서 이미 발생한 업식으로 말미암아 생긴 결과를 겸허히 받아들임으로써, 또 다시 자기 번뇌와 고통으로 빠지는 것이 아니라 새로운 희망을 가질 수 있는 계기가 된다.

"자신의 업식으로 인한 결과를 겸허히 받아들이겠습니다."라고 하는 마음을 결정하는 순간 모든 고통과 번민을 벗어날 수가 있다. 일련의 모든 과정의 마지막은 긍정적 사고의 힘으로 연결이 되어 있으며 좋은 것도 나쁜 것도 없는 상태이다.

(8) 8단계 : 삶을 아름답게 살아가는 것

■ 삶이란

동녘에 여명이 밝고 태양과 함께 찾아오는 새로운 아침은 얼마나 설레는 순간인가. 이어서 눈에 보이는 사물들은 얼마나 아름다운 모습인가. 그리고 떠오르는 태양의 빛으로 내 마음을 밝히면 얼마나 볼 것이 많고할 일이 많은 세상인가. 그러므로 삶이란 사탕처럼 달콤하고 사랑처럼 아름다운 모습을 지니고 있는 것 같다.

■ 나무의 삶

나무가 사람들처럼 소유욕이 강하다면 열매를 땅에 떨어뜨리지 아니하고 썩을 때까지 꼭꼭 붙들고 있을 것이다. 그렇게 되면 어떤 현상들이 발생될까?

봄이 돌아오면 새싹이 없을 것이다. 나무는 존재하기 위해서 생리적순환과 윈윈(win-win)의 관계 속에 살아간다는 것을 잘 알고 있다. 물이목을 추겨 주고 흙이 밥을 먹여 주고 공기와 햇볕이 준 따뜻한 사랑의 힘으로 열매를 맺었다는 것을 잊지 않는다. 그래서 나무는 자연이 맺어준열매를 서슴없이 자연으로 되돌려준다. 나무는 홀로 살아가는 식물에 불과하지만 아름다운 삶을 살아가기 위해서는 상호 간에 도움을 주고받는공생의 이치를 잘 깨닫고 있다.

나무는 일과 휴식의 관계를 정확하게 구분하며 생리적으로 조화를 잘이루는 것 같다. 일을 할 때는 열심히 일하고 쉴 때는 편안하게 수양을하는 모습이 행복하게 보인다. 봄에 옷을 녹색으로 갈아입고 햇빛을 통해서 나뭇잎과 뿌리가 협동하여 젊음을 싱싱하게 유지하면서 성장을 할 때는 열정이 샘솟는다.

가을이 되면 일을 멈추고 외출 복장으로 울긋불긋 단장하며 자유를 만끽하면서 1주년 계절에 거둔 성과를 모두 자연으로 돌려보낼 준비를 한다. 겨울 문턱에 들어서면 입었던 옷들을 모두 벗어던지고 알몸으로 냉철하게 자신을 반성하는 과정으로 몰입하게 된다. 이어서 과거와 현재를 돌아보고 다가오는 봄을 준비하면서 자숙하는 기간을 가진다.

(9) 9단계 : 노사(老死, aging and death), 나이가 들어가는 것

■ 나무의 일생

나무들은 그 자리에서 몸단장을 멋지게 하고 아름다운 모습으로 서 있다. 서 있는 자체가 집 한 채를 지니고 있는 것과도 같다. 나무는 한 번 정착한 곳에서 일생을 보내는 탓에 평생 온갖 생명체와 공격으로부터 성할 날이 없다. 나무는 잎과 뿌리를 통해 공기와 흙 속에 양분들을 자신의 몸으로 빨아들여서 농축시켜 놓으면 바로 그 때문에 무수한 생물들로부터 공격의 대상이 된다.

나무를 향한 생명체(곤충류)들의 삶에 대한 열정이 강하면 강할수록 나무에게 가해지는 상처는 많아지고 나무 또한 상처 속에서 자라게 된다. 나무 수액은 벌, 개미, 나방, 장수풍뎅이 등의 먹이 다툼의 대상이 되고 딱따구리는 수액을 가로채기 위해 나무의 껍질을 벗겨낸다.

나무의 죽음은 삶의 또 다른 반쪽이 시작되는 시점이다. 나무가 살아가는 과정은 자신을 위한 내적 투쟁 과정이다. 하지만 나무의 죽음 이후의 삶은 자신의 모든 것을 숲으로 되돌리며 다른 생물들의 삶으로 거듭나게 하는 희생과 배려의 과정이 담겨 있다.

14

행복 알아채기 6단계

양자물리학에 따르면, 우리는 항상 관찰자다. 그러나 현실에서 우리는 일어나는 일들과 스스로를 동일시하여 관찰자의 입장을 잃어버리고 대상에 끌려가거나, 자신의 생각과 감정에 끌려가 버린다. 필자는 이동 수단으로 자동차를 애용하고 있는데, 운전할 때마다 항상 자동차의 관리자라는 생각을 한다.

관리자로서 자동차를 운행하고 가는데, 운행 과정에서 내가 자동차를 타고 가는 것인지 자동차가 나를 태우고 가는 것인지 간혹 혼돈할 때가 있다. 그러므로 내가 자동차를 직접 운전을 해서 기분적으로 행복하게 느끼는 것인지 아니면 자동차가 나를 태우고 가기 때문에 자동차가 행복하게 느끼는 것인지 마음을 알아채기가 어려울 때가 있다.

그리고 자동차를 타고 갈 때마다 느끼는 감정은 마치 마술에 빠져서 도로를 질주하는 것 같다. 고속도로, 지방도로, 마을 안길 등 도로 환경에 따라서 생각과 감정이 자동차에게 끌려간다는 것을 자주 느끼게 된다. 그렇다. 우리는 생활 속에서 일어나는 일들을 관찰자 입장에서 냉정하게 바라보고 판별할 수 있는 능력을 길러야 한다.

또한, 생활 속에서 자동차는 동반자 같은 역할을 하며 그중에서 자동 변속기는 두뇌(기능 입력)와 같고 수동 변속기는 생각(인지능력)과 같다. 운전자의 요구에 따라 자동차가 출발해서 정속(60~100km)을 유지하기까지는 6단계의 변속 과정이 필요하다. 운전자는 자동이든 수동이든 간에 환경에 따라서 1단계에서 6단계로 넘어가는 순간들을 알아채는 기법을 통해서 능력을 향상시킬 필요가 있다.

(1) 알아차림 1단계

수(首) 단계에서 과거의 정보가 작동해서 나의 감정과 분별심이 일어나고 있구나 하는 것을 알아차리는 것이 매우 중요하다.

▪ 담배의 사례

담배를 매우 좋아하는 애연가가 있었는데 어느 날 병원에서 진찰을 받았다. 건강이 좋지 않다는 진단을 받은 후 앞으로 계속해서 담배를 피울 것인지 아니면 끊어야 할 것인지에 관해서 마음속으로 갈등을 느끼고 있다.

▪ 운전자의 사례

자동차 운전면허증 취득을 위해 운전을 배우는 초보자가 있다. 이 운전자는 아침에 눈만 뜨면 자동차를 운전하고 싶어서 마음이 요동을 친다. 운전을 빨리 배워서 도로를 주행하고 싶다는 의욕이 가득해서 운전을 열심히 배워야겠다는 조바심의 감정이 일어나고 있다는 것을 스스로 느끼고 있다.

(2) 알아차림 2단계

▪ 담배의 사례

1단계를 놓쳤으면, 내가 지금 담배를 피우고 싶은 생각에 사로잡혀 갈망하고 있구나를 알아차리는 단계이다. 즉 "병원에서는 담배를 피우면 안 된다고 하는데 마음과 감정이 서로 다른 작용을 일으켜서 자신을 괴롭히고 있구나." 하고 갈등을 해결해 보려고 하는 과정이다.

▪ 운전자 사례

운전을 빨리 배우겠다는 의욕과 욕망은 가득하나 자동차를 직접 운전해 보니 소질이 없는 것인지 기능이 부족한 것인지 또 다른 장애 요인을 발견하게 된다. 그러나 운전자는 장애를 극복하고 열심히 해보겠다는 의지를 발견하게 된다.

(3) 알아차림 3단계

▪ 담배의 사례

2단계를 놓쳤으면, "내가 지금 담배를 피우고 싶은 생각에 사로잡혀 갈망이 지속되고 있구나." 하고 알아차리는 단계이다. 건강이 좋지 않다는 진단은 받았지만 당장 죽지는 않을 것 같은데 며칠만 담배를 피워볼까, 아니지, 한 대만 피우고 끊어야지 스스로 고민을 알고 있는 과정이다.

▪ 운전자 사례

운전을 잘하기 위해서는 운동 감각이 좋아야 하는데 운동신경이 둔하다는 장애 아닌 장애를 발견하게 되어 마음에 상심이 커졌다. 그러나 이

대로 포기할 수 없다고 맹세하면서 마음속으로부터 타오르는 열정이 가득하다는 것을 인지하는 과정이다.

(4) 알아차림 4단계

▪ 담배의 사례

3단계를 놓쳤으면, 내가 지금 담배를 피우고 있고, 경계에 끌려가고 있구나 하고 알아차리는 단계이다. 건강이 좋지 않은 상태를 알면서도 "내가 지금 담배를 피우고 있다니 이렇게 하면 안 되는데."라고 걱정을 태산처럼 하고 있는데 마침 옆에 있던 친구가 말하기를 어떤 사람은 90세 동안 담배를 피워도 건강하게 잘살고 있다는 나쁜 정보를 제공한다. 그래서 친구의 정보를 믿고 "그래, 뭐 당장 큰일이 발생하겠어? 건강이 더 나빠질 때까지 담배를 피우다가 그때 가서 끊는 방법도 괜찮을 거야."라고 생각을 하면서 경계를 넘으려고 한다. 그러나 경계를 넘어가면 안 된다는 갈등을 알아차리는 과정이다.

▪ 운전자 사례

운전자에게 운동신경이 둔해서 운전하는데 장애 요인이 된다는 것은 알았으나 운전을 하고 싶다는 열정을 꺾지 못하고 계속해서 노력하기로 한다. 그러나 옆에 있던 동기생이 말하기를 운동신경이 좋지 않으면 운전면허를 취득한 후 자동차를 운전할 때 사고가 날 수 있는 확률이 많다는 편견이 섞인 이야기를 해준다. 동기생의 이야기를 듣고 운전자는 계속해서 운전 연습을 해야 할지 그렇지 않으면 그만두어야 할지 마음에서 갈등이 시작된다. 그러나 동기생의 이야기는 자신의 의지를 꺾는 편견적인 이야기란 것을 인식하고 장애 요인을 노력으로 극복할 것을 마음속으로 다짐한다.

(5) 알아차림 5단계

- ■ 담배의 사례

4단계를 놓쳤다면, 내가 이번에는 담배를 피웠지만 이제 다시 발심하여 다음 번에는 알아채고, "이 마음으로부터 승복받아야겠구나." 하고는 재발심을 내는 단계이다. 건강이 나쁘다는 진단 속에서 아직은 젊은 혈기가 있는데 건강에는 자신이 있어 하면서 담배를 계속 피우고 있다. 그런데 요즘 몸 상태가 갑자기 좋지 않은 것 같아서 담배를 끊어야 한다는 생각을 해본다. 그래, 이번 달만 피우고 다음 달부터는 담배를 끊어야지 하고 마음으로부터 결심을 받아낸다. 요번에는 어떤 일이 있어도 금연의 결심을 제대로 한 번 지켜볼 거야. 또한, 작심삼일이 되지 말아야지. 내가 다시 담배를 피우면 사나이가 아니야 등 단단한 결심을 해본다.

- ■ 운전자 사례

운동신경이 좋지 않다는 장애를 극복하고 열심히 노력해서 면허시험을 치르게 되는데 이론 시험은 합격했으나 실기 시험에서 6차례 낙방을 하게 된다. 그래 6차 실기 시험에서는 낙방을 했지만 7차 시험에서는 꼭 합격을 할 거야. 처음부터 장애가 있어서 안 된다고 했지만 1~6차 시험을 치르는 과정에서 이제는 자신감이 많이 생겼어. 그리고 이제는 운동신경도 많이 좋아져서 몸이 매우 가벼워진 것 같다. 그래서 7차 시험에서는 꼭 합격을 할 거야. 어떤 일이 있어도 꼭 해낼 거야. 반드시 내가 바라는 목표를 실현하겠다고 다짐을 해본다.

(6) 알아차림 6단계

5단계를 놓친 경우로서, 담배를 피움으로 해서 여러 가지의 질병이나 부정적인 결과(받아들이지 않으려고 하는 마음이 생길 때)가 발생되어 자신에게 불행한 일이 닥쳐온다는 이야기, 운전자가 면허시험을 준비하는 과정에서 운동신경이 좋지 않아서 운전을 포기해야 된다는 편견적인 이야기가 있었음에도 불구하고 노력을 거듭해서 7차 실기 시험까지 도전에 도전을 거듭하는 운명적인 이야기에 대해, "이러한 결과가 위의 일련의 과정으로 발생된 것이구나."라고 겸허하고 겸손한 마음으로 받아들이는 단계이다.

발생된 업식으로 인해서 생긴 결과를 겸허히 받아들임으로써, 또 다시 자기 번뇌와 고통으로 빠지는 것이 아니라, 새로운 희망을 가질 수 있는 계기가 된다. 또한, 자신의 업식으로 인한 결과를 겸허히 받아들이겠다는 마음을 내는 순간 모든 고통과 번민을 벗어나고 행복한 길을 걷게 된다.

3단계 : 심화편(번성과 속행)

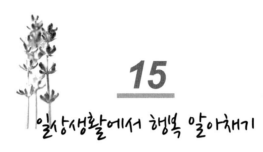

15

일상생활에서 행복 알아채기

다음의 단원 15과 16은 자기 생활에 대해서 어떻게 참회하고 반성하고 자신을 돌아봐야 하는지 실천 방안을 나타내주고 있다.

■ 시간과 시기별 마음가짐

나	알아챔	타인과 대상
자신에 대한 참회	← 과거 →	그럴 수도 있겠구나
이만한 것도 감사하다	← 현재 →	이만한 것도 감사하다
기대 없는 긍정적 자세	← 미래 →	대가를 바라는 것이 없는 긍정적 자세 (다만 할 뿐)

(1) 자신에 대한 참회의 자세

인생 60년을 살아온 시간들을 통해서 나의 내면을 돌아보고자 한다. 삶을 엮어가는 과정에서 자연환경, 일상생활, 가족 관계, 직업 관계, 소속 집단, 인간관계 등에서 활동을 하고 살아오면서 과연 인간으로서 정도의 길을 걸어 왔는지 이 시점에서 나 자신에게 반문을 해본다.

일상생활에서 느끼고 있는 관점들을 들여다 보면 나는 내가 옳다고 하고, 너는 네가 옳다고 하고, 주장과 기준이 부딪치는 곳에서 사연이 일어난다. 그 관계 사이에서 성립되는 사연을 총체적으로 업(業, karma)이라고 말할 수 있으며, 그 기준에서 바라볼 때 선업(善業)과 악업(惡業)이 존재하게 되며, 선업과 악업의 결과물에 따라서 상(賞)과 그리고 죄(罪)라는 의미가 부여된다.

사회생활에서 일어나는 행위는 자신에게는 자연스럽고 당연한 것인데 타인에게는 그렇지 않은 것이 되어 복잡다단한 연기적인 그물망이 이루어지고 펼쳐지게 되어 서로를 구속하고 갈등을 초래하는 원인이 되기도 한다.

또한, 각자의 기준에서 비롯된 마음은 당연하고 옳고 자연스러운 표현일 것이다. 그러나 그 마음은 참 마음이 아니며 보통 우리들이 생각하는 마음이란 지나온 나의 모든 행위의 총체적인 모습으로 업(業)에 비친 그림자라고 말하고 싶다. 그 때문에 살아온 환경이 다르면 생활문화가 달라지는 것은 당연한 이치이다. 대인관계를 할 때 의도를 가지고 행위를 하지 않았는데 의도를 가진 행동으로 받아들여진다면 그 결과의 책임은 누구에게 있을까?

그 양자 모두에게 책임이 있다고 본다. 왜냐하면, 우리는 스스로가 잘 판단하고 생각을 한다고 하지만 자신도 모르게 업(業)에 비친 대로 판단하고 생각하며 살아가고 있기 때문이다. 상호 간에 협력하고 상생을 하고자 할 때는 일방적인 양보와 억압이 아니라 내 기준을 살피며 바꾸고 상대의 기준을 헤아려 이해하면 불편함은 조금씩 줄어들게 된다. 그러므로 생활습관에서 참회의 시간은 몸에서 바라볼 때 보약과도 같은 존재이므로 끊임없이 끼어들려고 하는 업(業)의 그림자에 이끌려서는 안 된다. 참다운 참회란 굴복도 참음도 아닌 업의 살핌과 업의 이끌림에서 벗어나는 것이라고 생각한다.

(2) 이만한 것도 감사하다

인생 60, 생각대로 따라주는 내 몸이 대견스럽고 사랑스럽고 감사하다. 첫째로 나를 건강하게 낳아주신 부모님께 감사하고, 지금까지 살아오면서 건강을 위해 고생을 해준 내 몸에게 감사를 느끼고 있다. 생각해 보니 내 몸에 대한 애정 표시를 많이 못 하며 살아온 것 같다. 그래서 이번 기회를 통해 내 몸을 더욱 아끼며 사랑을 고백하고 감사하며 살아갈 것을 다짐해 본다.

– 사례 1: 아빠가 출세도 못하고 건강을 잃어서 병원에 입원하고 있다면,
– 사례 2: 자식이 공부를 못한다고 미워하는데 갑자기 교통사고로 중환자실에 누워있다면,
각각의 일들이 바로 당신 안에서 일어난 일이라고 가정한다면, 당신은 어떻게 대응하겠는가?

■ 사례 1

남편이 병원에 누워 있는 것을 보니 아내는 슬픔에 잠겨 있다. 아내가 출세에 눈이 멀어 잔소리를 많이 한 결과물이다. 그래도 죽을 병은 아니고 잠시 입원하면 치료가 된다고 하는데, 남편이 퇴원하면 잔소리하지 않고 건강을 잃지 않게 잘 해주어야지 이번 일을 통해서 나에게 닥친 불행이 이만한 것도 감사할 일이다.

■ 사례 2

중상을 입은 아들이 병상에서 말도 못하는 처지에 있는 것을 보며 부모는 할 말을 잃은 채 눈물을 글썽인다. 그리고 곧바로 지금 상태가 중상인데 치료를 잘하면 건강하게 활동할 수가 있을까 고민하면서 그저 공부를 못한다고 구박을 한 부분에 대해서 후회를 많이 한다. 의사 선생님의 진단 결과 치료를 잘하면 정상 활동은 어렵겠지만 지체장애가 발생이 될 수 있는데 재활치료를 통해서 건강을 찾는 방법도 있다고 한다. 이 말을 듣고 부모님들은 이제부터 아들에게 공부를 못한다고 구박하지 않을 것이며, 몸 건강이 부모에게 효도하는 것이라고 생각하며 아들이 살아 있는 것만 해도 감사할 뿐이다.

(3) 긍정적인 자세로 비움과 채움을 실행

긍정적인 자세는 비움을 창조하고 부정적인 생각은 부채를 창작한다. 긍정적 정서는 고단위 비타민제와 같으며 정신적이고 정서적인 양식은 대부분의 사람들이 인식하는 것보다 더 크게 우리의 인체 에너지 수준과 건강 그리고 행복에 영향을 미친다. 생리학적으로 표현한다면, 우리가 스트레스를 경험하면 우리의 비축 에너지가 사용되는 방향이 달라진다.

즉 (인체)시스템을 유지하고 복구하고 재생하는 데 쓰여질 에너지가 즉 각적인 문제를 위해 사용되도록 바뀌는 것이다. 단기 목적을 위해서 장기적인 가치를 희생하는 것이 된다. 그래서 긍정적인 사고와 생활은 스트레스를 줄여주는 기능과 함께 생체의 에너지를 균형적으로 활용할 수 있게 된다.

현대 사회 구조를 들여다보면 삶에서 부정적인 자세를 취하는 사람이 많다. 이런 자세를 취하는 까닭은 주로 생애 초기에 이루어지는 것으로서 부정적인 자세를 취하는 것이 긍정적인 자세를 취하는 것보다 살아가는데 더 안전할 것이라고 생각했기 때문이다. 도시에서 특별한 직업으로 직장생활을 하던 30대 여성이 있었는데, 그 여성은 자기가 하고 있는 일에 긍지와 의욕이 넘쳐나서 밥을 먹는 것도, 잠을 자는 것도, 일상생활을 불규칙하게 살아가는 것이 습관화가 되어 버렸다.

그녀 자신은 불규칙한 생활 때문에 건강을 잃었다고 말하지만 그것은 아닌 것 같다. 건강 악화의 원인은 부정적인 성격에 문제가 있다고 본다. 왜 그랬을까? 자신의 기술이 최고라는 생각과 타인의 기술을 믿을 수 없다는 아집적인 태도가 그녀를 병이라는 덫으로 유인한 것이라고 생각한다.

그러던 어느 날 몸에 이상을 느끼고 병원을 찾아가서 진단을 받게 되는데, 진단 결과 유방암이라는 절망적인 판정을 받는다. 슬픔에 잠겨서 며칠 동안 눈물로 보내다가 그녀는 긍정적인 마음으로 생각을 전환하고 암을 치료를 할 수 있는 방법을 탐색하는데, 세 가지의 방법으로 실행을 해보기로 한다. 그래서 치료의 방법으로는 병원 치료와 자연 치유를 병행하기로 하고 강원도 골짜기 작은 집에서 수양하기 시작했다.

첫째: 긍정적인 마음으로 일상의 생활습관 고치기

둘째: 자연 자원을 생활 속으로 응용하는 기법과 타인과 원활하게 교류하기

셋째: 자연 속에서 자연 치유에 도전을 해보는 것

■ 사례

① 생활 속에서 필요하다면 과거로 되돌아가라. 이 기법은 과거의 실망과 실패를 확인하는데 도움을 줄 것이다. 당신은 완벽주의자란 인식으로부터 벗어날 필요가 있다.

② 숲의 공간 활용은 누구나 자유롭다. 그러므로 생활 속에 놓인 긍정적인 감정도 누구에게나 자유롭다. 부정적인 올가미로부터 자유를 찾아라. 그러면 당신에게 행운이 찾아오고 이어서 자신의 병도 치유할 수 있다는 자신감을 느끼게 된다.

③ 처음에는 숲 속에서 생활 적응이 매우 힘이 들었다. 그러나 지금은 하루하루 생활이 그녀에게 삶의 질이란 무엇인가를 새로운 가치로 깨달아 가면서 미래에 삶의 방향과 건강 쾌유에 관해서 자신감으로 확신을 가져 본다.

④ 자연인 생활 3개월을 하고 그녀는 병원을 찾아가 진찰을 받아보기로 하는데 진찰 결과 의사로부터 병이 많이 호전되고 있다는 소견을 받은 순간, 그녀는 너무 기쁘고 행복감을 느끼면서 다시 산속으로 돌아왔다. 이어지는 산속의 일상생활은 마음에 안정과 마음이 평안해지고 몸이 가벼워지는 것을 감지하면서 그녀는 자연 앞에 서서 "감사할 따름입니다."라고 큰소리로 여러 차례 외쳐 본다. 그래, 내가 산속으로 들어온 것이 잘한 일이구나. 그러나 아직은 자연이 주는 선물을 제대로 이용을 못

하고 있는 것 같아 때문에 앞으로는 녹색 자연 환경과 약초 등 공부를 많이 해서 건강에 도움이 되도록 할 것이다.

⑤ 자연 생활을 시작한 지도 벌써 1년이라는 시간이 흘러갔다. 그녀는 다시 병원을 찾아가서 진찰을 받아보는데 의사는 많이 호전되어가고 있으니 앞으로도 게으름을 피우지 말고 항상 다시 시작한다는 마음으로 열심히 관리하라고 하였다. 집으로 돌아온 그녀는 비움과 채움의 자연 법칙을 실천하기 위해 일정표를 만들어서 실행한다.

"그래, 나는 다만 해볼 뿐이야 열심히 하다 보면 몸이 건강하게 될 거야."

어느 날 그녀는 지난날들을 돌아본다. 오래전 암이라는 진단을 받았을 때는 절망감을 느꼈는데 생각을 바꾸어서 기대를 하지 않고 긍정적인 자세로 일상생활을 차근차근 했을 뿐인데 이렇게 좋은 결과들이 생기게 되니 지금은 행복할 뿐이다.

16

생활 속에서 휴선문화 실행하기

(1) 아침부터 취침 전까지

취침 자리에서 눈을 뜬다. 여명이 밝아온다. 잠자리에서 눈을 떴다. 아, 오늘 하루도 시작이 되는구나. 오늘 나에게 행복의 맛은 어떤 맛으로 다가올까? 그래, 나는 오늘 하루도 행복을 찾아 10시간을 열심히 움직여 보리라. 사람들은 삶의 질 향상이라는 명목으로 행복이라는 물성을 찾고 자 오늘도 방랑의 길을 걷고 있다.

그렇다면 행복이 추구하고자 하는 길은 어떤 길이며, 행복이라는 존재 는 어떤 물성을 지니고 있을까? 필자가 말하기를, 행복의 길은 지금 내가 걷고 있는 길이 곧 행복으로 가는 길이며, 지금 내가 먹고 있는 밥맛이 곧 행복이 담긴 맛이라고 생각한다. 그리고 그 행복이라는 물질은 소금의 결 정체와 같다고 생각한다. 소금의 주성분은 짠맛으로 인간들에게는 꼭 필 요한 물질이다. 그러나 많은 사람들은 소금에 대한 귀중함을 모르는 채 생활을 하고 있는 듯하다. 그러면 소금과 행복은 어떤 관계가 있을까?

한 가정에 신혼부부가 있다. 주변 지인들이 시샘이 섞인 대화를 건넨다. 새댁 요즘 깨소금이 가득이야, 아니면 깨소금 쏟아지네 등으로 표현한다. 이 말은 현대인의 삶에서 무엇을 의미하며 표현하는 것일까? 그냥 행복하냐고 물으면 될 것을 꼭 소금이라는 말을 왜 사용할까? 인간이 삶에서 행복의 감성이 필요하듯이 생체에서는 소금을 절대적으로 필요로 한다.

행복의 맛이란 매번 달콤한 맛 속에서만 창출되는 것은 아니기 때문이다. 참된 행복은 때로는 짠맛 속에서도 찾을 수가 있다. 그렇다. 행복을 충족시켜 주기 위한 에너지원은 다면적인 문화의 기능들이 존재해야 한다. 다면적인 문화의 기능들을 살펴보면 음식 문화, 예능예술 문화, 레저 스포츠 문화 등이 있으며, 그중에서도 사람들이 다면적인 휴선문화를 흡수해야 할 부분을 살펴보면 스트레스가 발생할 때, 화가날 때, 슬플 때, 허망할 때, 외로울 때, 창작 활동을 할 때 등의 상황이 전개되는데 그럴 땐 휴선 프로그램 실행을 통해서 문제를 해결하는 것도 좋은 방법이라고 생각한다. 상황별 대처 방법 몇 가지만 소개한다.

■ 스트레스 해소 기법

① 몸을 힘들게 하는 운동 및 등산 등은 스트레스를 해소하는데 도움을 준다. 운동을 하면 땀이 나고 땀이 배출될 때 스트레스 호르몬 또한 배출이 되는 효과가 있다고 한다. 좋아하는 운동을 만들어 기분도 업시키고 스트레스 해소도 하고 건강까지 챙기는 일석 3조의 효과를 보도록 한다.

② 마음의 여유가 없는 사람, 그리고 과도한 업무는 스트레스의 원인이 된다. 단순하게 쉬는 것도 좋지만 그렇게 하기보다는 음악을 듣거나

영화를 보거나 취미활동을 하면서 쉬는 것이 더 효과가 좋다. 또는 식물을 키우는 것도 좋고 관상 물고기를 키우는 것도 좋다.

③ 자연 속에 놓인 야생화를 가슴으로 맞이하자. 가정의 베란다에 놓인 꽃, 직장의 화분에 놓인 꽃, 정원에 놓인 꽃, 산과 들에 놓인 야생화 등을 처음에는 눈으로 바라보면서 감동을 느끼고 그 다음은 꽃차를 만들어서 색을 감상하면서 향기를 음미해 본다. 가능하면 약이 되고 체질에 맞는 꽃을 선택하는 것도 좋은 방법 중 하나이다.

④ 사람들은 아직 일어나지 않은 일들을 고민하느라 많은 시간을 보내고 있다. 늘 긍정적인 마인드로 살아가려고 노력하고 지금 당장 현실이 어둡더라도 밝은 미래를 꿈꾸며 최선을 다하며 사는 것이 중요하다. 이렇게 마음이 밝아지면 나아갈 수 있는 원동력과 자신감이 생기게 된다.

■ 슬플 때

슬플 때는 코르티손(Cortisone, 부신피질호르몬의 일종)이라는 호르몬이 나오는데, 도파민이라는 신경물질이 나와 분해되는 과정에서 눈물샘이 자극을 받게 되어 눈물이 나오게 되는 것이다.

사람이 슬플 때는 눈물도 나고 때로는 엉엉 소리 내면서 울고 싶다는 충동이 생길 때가 있다. 이럴 땐 가까운 바다나 폭포를 찾아가 본다. 폭포의 규모는 크거나 작아도 관계는 없다. 폭포 속에 자신의 마음을 담고 사연을 힘차게 연출을 해보는 것이다. 폭포 주변 편안한 자리에 앉아서 폭포가 울어야 하는 슬픈 사연에 소리를 경청해 본다.

① 한 시간 동안 폭포 앞에서 소리를 들었다고 가정을 해본다.
② 물의 낙차 소리는 시시각각 다른 소리로 다가온다.

③ 마음속에 있는 감정의 구조도 이와 같은 이치이다. 한 가지의 사연 때문에 슬픔이 존재하지는 않는다는 논리다.

④ 폭포 앞에서 물의 낙하 소리에 심취를 하다 보면 오케스트라와 같은 고요하면서도 아름다운 소리로 가슴을 열어주게 된다.

⑤ 소리와 마음이 조화를 이루었다면 슬픔은 곧 기쁨으로 전환될 것이다.

⑥ 옷차림을 가볍게 하고 폭포수가 떨어지는 물속으로 들어가서 물과 함께 슬픔을 나누어 본다.

■ 허망할 때

– 허망(虛妄): 그릇된 판단, 이치에 어긋나는 생각, 헛된 생각, 쓸데없는 생각을 일으키는 마음 작용

– 빙공착영(憑空捉影): 허공에 의지해 그림자를 잡는다는 뜻으로 허망한 언행 또는 이루어질 가망이 없음을 비유하는 말

– 초로인생(草露人生): 인생은 풀잎에 맺힌 이슬방울처럼 아주 작은 물방울과 같다는 의미

허망하다고 느낄 때는 낙엽을 생각해 본다. 나뭇잎이 우수수 소리를 내면서 떨어지는 것을 바라보고 있노라면 허무함과 허망이라는 단어의 의미를 깨닫게 된다. 나무는 봄이 되면 새싹을 피우고, 여름이 되면 잎으로 자라서 나무 전체의 성장을 위해 왕성한 활동으로 녹음이 되도록 만들어주고, 가을에는 아름다움을 간직하면서 잠시 쉬었다가 땅에 거름이 되기 위해서 스스로를 헌신하는 과정에 길을 걷게 된다. 이 과정이 나무에 매달려 있던 나뭇잎들이 땅으로 내려앉아 낙엽이 되고 거름이 되는

길을 가게 된다. 부부가 함께 손을 다정하게 잡고 낙엽이 쌓인 숲길이나 산책로를 걸어본다면, 인생을 허망하게 살아온 것이 아니라 진정한 행복의 의미를 알게 될 것이다.

17
자신과 선율림하기
(Resonance with Self)

자신을 사랑하는 방법을 표현하는 과정이다. 그리고 그 효과에 대해서 기술하고자 한다.

(1) 자신 달래어주기(Self acceptance)

엄마가 아기를 달래듯이 토닥토닥 달래준다. 아기의 바람을 모두 수용한다는 의미가 아기에게 잘 전달될 수 있도록 진정한 마음을 담고 소리와 손바닥의 리듬이 일치하면서 실행해야 한다. 가령 어떤 한 학생이 너무 외롭고 스스로의 짐에 너무 힘들어 하고, 주변에서 자신을 알아주는 사람은 아무도 없다면, 이럴 때 학생은 방황하게 되고 스스로 좌절하게 되거나 주변을 통해서 사랑을 구걸하게 되는 경우가 많다. 또는 그 외로움과 허전함을 달래기 위해서 기타 기호식품이나 여가활동을 즐기게 된다. 그러나 그것도 잠시일 뿐 마음으로부터 중심을 잃고 보편적인 생활 속에서 탈선을 하게 된다. 이럴 땐 고요히 앉아서 자신의 심장에 손을 얹고 토닥토닥 자신을 달래준다. 그러면 마음으로부터 위안을 얻게 되고 자기중심이 바로 서게 되는 동기 부여를 주게 된다.

■ 자신 달래어주기 행법
① 오른손을 왼쪽 가슴(심장) 위에 가볍게 감싸듯이 올려준다.
② 왼손은 오른손 위에 살며시 포갠다.
③ 양손을 살며시 가슴으로 밀착시키고 심장과 교감할 수 있는 자세를 갖춘다.
④ 눈은 감은 채 심장 박동 소리를 10초간 느껴본다.
⑤ 이어서 엄마가 아기를 달래듯이 토독토독 달래어준다.

■ 심장과 교감나누기 사례
자신을 달래주기 행법을 시행할 때는 심장과 교감할 수 있는 언어가 필요하며, 맑은소리를 통해서 교감하도록 해야 한다.

자신: 심장아, 아침이 밝았다.
심장: 안녕하세요, 좋은 아침입니다.
자신: 오늘 하루도 나를 위해 고생을 많이 하겠구나.
심장: 괜찮아요. 저는 항상 하는 일인데요.
자신: 그래, 이 순간에도 열심히 일을 하고 있구나. 얼마나 수고가 많니.
심장: 주인님께서 일을 열심히 하고자 하는 열정 때문에 저도 힘이 샘
　　　솟아요.
자신: 그래, 용기를 주어서 고맙구나.

심장: 저는 주인님 하시는 일이 잘될 거라고 믿어요.

자신: 그래, 나는 할 수 있어. 반드시 잘해낼 수 있을 거야. 그리고 너도 조금만 더 힘을 내주렴.

(2) 구겨진 마음을 다림질로 펴기

자연의 세계에서도 구김이 있고 인간의 삶에서도 구김이 있다. 사람의 삶은 꼬여 있는 것을 펼쳐가면서 살아간다. 우리가 입고 있는 의복도 구김이 가고 또 펴기도 하고를 반복하면서 생활하는 것이 현실에 우리의 일상이 아니던가. 성공의 단맛을 체험한 자, 실패의 쓴맛을 체험한 자, 아니면 이도 저도 아직도 맛을 보지도 못한 자······.

인생의 시작은 실패의 맛을 본 후부터 참다운 인생의 맛을 볼 수 있을 것이다. 단맛과 짠맛은 직접 체험해보는 것이 인생다움을 피부로 느끼는 값진 수업의 기회가 된다. 생활에서 한두 번의 실패를 했다고 해서 의기소침하거나 좌절하지 마라. 잠시 이력에 구김이 갔을 뿐 자기 삶에 있어서 이력서가 영원히 구겨지지는 않는다. 인생은 시련에 연속이다. 시련으로 구겨진 마음을 다림질의 기능으로 풀어가는 자가 자신이 원하는 고지를 점령할 수 있다.

● 다림질 사례

질문자: 당신은 시련과 구김을 통해서 마음에 상처를 받은 적이 있나요.

사례자: 두 번 다시 생각하고 싶지 않은 IMF의 이야기입니다. 그때 나이가 40대 가장이었고 정말 열심히 노력을 해서 경제적으로 남부럽지 않게 살았어요. 그러던 어느 날 나에게도 시련이 닥쳐오기 시작했어요. 그래서 나는 더욱더 열심히 뛰고 뛰었지요. 그러나 역부족이었어요. 결

국은 부도처리되었지요. 하루아침에 실업자, 무능력자가 되었어요.

질문자: 감춰두었던 아픈 마음을 질문해서 미안합니다. 그 시절에는 선생님을 포함해서 많은 사람이 시련과 함께 고통으로 시간을 보낸 것 같아요. 그러면 그 이후로 구겨진 마음과 고통을 어떻게 치유하셨나요.

사례자: 실직을 하고 처음에는 술을 마시면서 죽음을 생각해보기도 했고, 생활의 불규칙 때문에 건강을 잃었지요. 그래서 다시 재기를 해야겠다는 의욕이 생겨서 구겨진 마음을 다림질로 정리하고 지금은 새로운 일자리를 찾아서 열심히 살아가고 있습니다. 또한, 이번 기회를 통해서 인생이란 살아가면서 시련의 연속이라는 것을 깨달았으며, 자신에게 시련이라는 고통이 다가왔을 때 구겨진 상처에 다림질의 기능을 잘 활용해 보라고 권하고 싶어요.

질문자: 구겨진 옷을 다림질로 펼치듯이 깊은 상처를 다림질 기법으로 치유를 하고 재기에 성공한 것을 보니 참으로 다행한 일입니다.

● 준비물

① 가정에서 일반적으로 사용하는 다리미를 준비한다.

② 신문지, 이면지, 면포(순면으로 된 수건) 등을 준비한다.

③ 숲 속에는 응용할 수 있는 나뭇잎이 많다. 나뭇잎을 재료로 사용할 때는 프로그램을 진행하고자 하는 현장에 맞추어서 계절에 맞는 소재를 준비한다.

● 다림질 행법

① 체험자는 신문지 또는 이면지 둘 중에 한 가지를 선택한 후 손으로

임의대로 구김을 준다.

② 구겨진 모양이 자신에 모습이라고 생각하고 밝게 펼칠 수 있는 방법을 궁리해 본다.

③ 여름에는 떡갈나무 싱싱한 잎을 준비하고, 가을에는 떡갈나무 낙엽을 준비해서 나뭇잎에 자신이 평상시 마음에 담고 있던 생각을 적어 본다.

④ 나뭇잎을 바닥에 펼쳐 놓고 그 위에 면포를 덮어서 다리미로 다림질을 할 때 마음속에 담겨 있는 구김이라고 생각하면서 천천히 실행해 본다.

(3) 자신과 마음 나누기
: 미안합니다 / 용서해주세요 / 고맙습니다 / 사랑합니다

● 미안(未安)

① 남에 대하여 마음이 편치 못하고 부끄럽다.

② 겸손히 양해를 구하는 뜻

미안은 말 그대로 편치 못하다는 뜻이다. 그게 겉뜻이고 그 속뜻은 남에 대하여 마음이 편치 못하고 부끄럽다는 의미로서 꼭 잘못했을 때만 쓰는 표현은 아니다. 잘못을 했을 경우에 쓴다 하더라도 그 잘못의 강도가 약하다거나 화자가 느끼는 자신의 잘못의 강도를 비교적 약하게 느꼈을 때 쓰는 표현이다. 그에 반해 죄송(罪悚)은 허물 죄, 두려워할 송이라는 한자의 뜻에서도 알 수 있듯이 잘못의 강도가 강하다거나 화자가 느끼는 자신의 잘못의 강도를 강하게 느꼈을 때에 쓰는 표현이다.

● 감사(感謝)

감사라는 단어는 느낄 감(感), 사례할 사(謝)로 곧이곧대로 해석하면 고마움의 뜻을 전하고자 하는 느낌을 의미한다. '고맙습니다'와 '감사합니다'는 순우리말과 한자의 표현이냐는 차이에 불과할 뿐 의미는 동일하다. '감사합니다'라는 말이 '고맙습니다'보다 더욱 정중한 의미의 표현이며, 예의에 맞는다고 생각하는 어른들이 많다.

● 사랑

① 어떤 상대의 매력에 끌려 열렬히 그리워하거나 좋아하는 마음

② 남을 돕고 이해하려는 마음

③ 어떤 사물이나 대상을 몹시 아끼고 귀중히 여기는 마음

● 사랑하다

① 상대에게 성적으로 끌려 열렬히 좋아하는 행위

● 사랑을 유지하는 방법

① 진정한 사랑이라 함은 아낌없이 주는 것이다. 사랑하는 사람이 당신에게 바라는 것이 없더라도 그에게 지금 무엇이 필요한지, 원하는 것이 무엇인지 먼저 생각해서 배려해 줌으로써 당신이 얼마만큼 그를 사랑하는지를 표현하게 된다.

② 숲 속을 걷고 있으면 마음이 편안하고 안정된 기분이 든다. 그래서 누구나 숲을 좋아한다. 사람이라면 다 같은 생각이므로 상대에게 늘 편안한 존재임을 느끼게 해준다. 사랑하는 사람에게 받는 편안한 느낌이란 이 세상 어떤 것과도 비교할 수 없는 숲 속 어머니 품 같은 포근함을 제공

해준다.

③ 나비가 날개로 춤을 추듯이 미소로 관심을 보여준다. 상대방에게 관심사인 의사표시와 배려의 자세를 보여주어야 한다.

④ 편안한 장소에서 두 사람만의 시간을 자주 가진다. 자연 공간 속에서 두 사람이 손을 잡고 산책길을 걸어 본다.

⑤ 소나무 밑에서는 잡초가 자라지 않는다 숲 속에서 소나무가 풀잎을 바라볼 때 풀잎들은 그저 풀잎일 뿐이다. 사람과의 관계 속에서 사소한 일들은 그냥 보편적으로 바라보는 것이 좋다. 상호관계에서 사소하게 감정을 상하게 했던 일들은 과감히 잊어버린다. 사랑하는 사이라면 상대방의 감정을 일부러 상처받게 할 필요는 없다.

⑥ 작은 나무는 옮겨 심으면 잘 자란다. 그런데 큰 나무는 옮겨 심으면 뿌리를 내리기가 어렵다. 같은 이치로 연인을 자신에게 맞는 마음으로 변화시키려는 생각은 하지 마라. 이미 큰 나무가 되었기 때문이다. 잔소리를 통해서 사랑하는 사람을 변화시킬 수 있다고 생각하면 그 사랑은 곧 깨어질 것이다.

⑦ 기회가 있을 때마다 사랑을 호소하라. 적당한 때와 적당한 장소를 배경으로 '사랑해'라는 말 한마디가 세상 어떤 보물보다도 가치 있게 느껴질 것이다.

⑧ 지나간 시간을 되돌리려 하지 마라. 지나간 시간은 지나간 시간일 뿐이다. 해묵은 이야기를 통해서 상대방의 감정에 상처 내는 일은 하지 않는 것이 좋다.

⑨ 귀를 기울여 들어라. 그리고 센스의 기능을 살려서 반응에 기질을 보여라. 사랑하는 사람의 말을 경청하여 주는 태도는 그 어떤 달콤한 말을 하는 것보다 더 큰 위력을 발휘하게 된다. 그리고 여기에서 반응이란

생각하고 느끼고 좋아하고 원하고 선호하는 것에 관해 사랑하는 사람에게 직접 이야기하는 것이다.

18

타인과 선울림하기
(Resonance with Others)

타인과 교류할 때 파동 이론에 따른 선울림을 어떻게 해야 할지를 나타내는 과정이다.

● 지역 봉사단체에서 봉사하기

자신과 타인하고 선울림하기는 다음과 같은 전제를 두고 다음과 같은 과정으로 이루어진다.

전제 : 양자물리학의 초끈이론을 바탕으로 인간의 본질을 보면, 인간의 본질이라고 할 것이 하나도 없다. 단지 인간은 인간일 뿐이라는 것이다.

① 모든 만물은 본래 그대로의 것이지 좋다, 나쁘다고 할 것이 없다.
② 인간의 모든 것은 인식이 지을 뿐이지 본래 그런 것은 없다.
③ 타인에 대한 것도 인식을 할 뿐이지 본래 그러한 특성을 나타내는 것은 아니다. 다만, 그 사람의 누적된 뇌 정보에 의한 현재의 결과물일

뿐인 것이다.

④ 그러므로 이해할 수 없는 것뿐이지, 내가 무어라 용서하거나 배려한다는 것 자체가 억지가 된다.

● 상황에 대한 해결 과정

① 자신을 중심으로 다양한 사람과의 관계가 있고, 그 관계 속에서 작용이 일어나게 된다.

② 인식의 작용으로 인해서 그렇고, 그렇지 않고, 그렇지도 않고, 그런 것도 아니라고 하는 3가지의 가짓수로 인식하게 된다.

③ 특히, 현대인들의 많은 문제는 그렇지 않다고 하는 부분에 많이 길들여져 있다.

④ 그렇지도 않다고 하는 것은 부정적 시각의 원천이다.

⑤ 또한, 외부에 대한 부정적인 정보라고 느끼는 경우에는 다음과 같은 과정으로 알아차림을 한다.

(1) 타인에 대한 선울림 1단계

알아차림 6단계에서 초기와 중기에 속하는 단계로서, 현재 주어진 결과 상황을 어떻게 받아들이고 있는지 알아차림이 일어나는 단계이다. 즉 상황의 결과를 자신이 어떻게 받아들이는지를 알아차리는 단계이다.

● 선울림 사례

A와 B는 친구관계이다.

A: A는 경제적으로는 안정이 되어 있으나 정신적으로는 안정이 되어 있지 못하다. 그래서 친구들 사이에서 교우관계가 원활하지 못하다.

B: B는 A의 친구를 가까이하기에는 그저 그래서 싫고, 멀리하기에는 그렇게 해서는 안 되는 것 같고, 그렇다고 안 보려고 하자니 그런 것도 아닌 중형 노선의 부정적인 관계이다.

A: A는 B의 환경과 지식을 무시하고 자기 자신의 생각이 월등하며 옳다고 주장한다.

B: B는 A의 사고력이 어리석다고 생각하며 불쌍하게 여긴다. 그래서 직접적으로 만나는 것을 경계하면서 멀리서 지켜보는 관계를 유지하고 있다.

A와 B는 서로 부정적인 정보를 인식하고 있기 때문에 중간에 벽이 놓여 있다. 그래서 해결 방법으로 일보 후퇴하면서 낮은 자세로 벽을 허물 수 있는 통로를 찾고자 노력하고 있다.

(2) 타인에 대한 선울림 2단계

하나의 반응이라고 하는 결과물이 나오기 위해서는 상황(자신과 상대방에게 주어진 상황, 인식론적인 부분에서의 행위 결과물)에 상황을 만들어내는 요소에 대한 이해가 필요하다. 해당 상황의 결과는 반드시 자신, 상대방, 주어진 상황 3가지 요소로 구성이 된다.

자신과 상대방에게 주어진 상황이 이러했구나, 그러니 이러한 결과가 발생할 수 있겠구나 등 원인에 따른 결과가 발생하게 된 상황에 대한 선울림이다.

● 친구 관계 선울림 사례

A: A의 성격은 고지식하다. 그리고 사회생활에 관해서 부정적인 관념을 많이 가지고 있다.

B: B의 성격은 활달하다. 그래서 사업을 하고 사회를 바라보는 시각은 긍정적이며 업무 추진에 매우 열정적이다.

A: 일상생활이 고정되어 있고 생각 자체도 고정되어 있어 마음이 여유롭지 못하여 자신 자체를 돌아보지 않으려고 하는 자세가 문제이다. 그래서 사회 적응과 친구들과의 교류 관계에서 어두운 면이 많이 형성된 것 같다.

B: 일상생활이 개방과 활동적이며 생각에 여유와 마음이 자유롭다. 그러나 단점이 있다면 고정관념 속에 잠겨 있는 사람을 이해하려고 하지를 않는다는 것이다.

A와 B 두 사람 사이에는 이념의 차이가 경계를 만들어서 상호 간에 교류 관계가 원만하지 못한 결과를 만들게 되었다. 그러므로 선울림의 소통기법으로는 숲 속에서 풀잎들이 하루를 살아가는 생리현상을 체험해 보면 아집과 이념과 수용이란 무엇인지 또 어떻게 해야 하는 것인지 행동에 관하여 지침을 가르쳐줄 것이다.

(3) 타인에 대한 선울림 3단계

상대방의 상황이 이러했기 때문에 이렇게 했었다고 하는 상대방의 조건에 대한 선울림 작용(상대방에 대한 선울림 작용)이다.

● 형제간의 선울림 사례

일반적으로 형제들 간에 신뢰를 훼손시키는 부분을 열거해 보면 감정 문제, 금전 문제, 부모님 부양 문제, 상속 문제 등으로 열거할 수 있다. 이 가정에는 2형제가 있으며 부모님의 부양 문제와 금전 문제가 형제들 간에 갈등으로 비화되고 있다.

형: 형은 마음은 착하고 부모님 공경심이 많으나 직업이 변변치 못해서 경제적으로 어려움을 겪고 있어 노환으로 계시는 부모님의 뒷바라지에 고민이 많다.

동생: 동생은 마음도 착하고 부모님에게 효심이 깊고 직업이 좋아서 경제적으로 여유로운 생활을 한다. 동생이 큰형에게 생활비와 병원비를 주자고 부인에게 제안한다. 그런데 부인이 반대를 한다.

형: 형은 동생에게 금전 관계에 대하여 직접적으로 말을 하지 못하고 속으로만 전전긍긍하고 있다가 하루는 동생에게 병원비에 관해서 이야기한다.

동생: 동생은 형에게 애로 사항을 이야기하는데, 요즘 회사가 어렵고 자녀들 교육비와 새롭게 투자하는 일이 있어 생활이 여유롭지 못하다고 변명한다.

형: 그렇구나. 그런 애로 사항이 있어서 병원비를 못 주었구나. 나는 네가 요즘 회사가 잘된다고 해서 경제적으로 여유가 있는 줄 알고 병원비를 좀 보탰으면 했지. 물론 나도 섭섭하게 생각하면서 오해를 많이 했단다.

동생: 형 미안해. 그리고 조금만 기다려. 형편이 좋아지면 병원비를 보태도록 할게.

형: 그만두어라. 너도 형편이 어렵다고 하는데 내가 은행에서 빚을 조금 더 얻어서 병원비를 보태도록 하마. 그리고 너희 가족 항상 건강하게 잘 지내거라.

동생: 나도 형에게 가슴이 아프도록 미안해. 그리고 나는 형님이 그렇

게까지 어렵게 살고 있는지 몰랐어요. 그러니 나도 자식으로서 그냥 있을 수가 없지요. 회사에 있는 물건이라도 팔아서 병원비를 보태도록 하겠습니다.

형 : 늦게나마 나를 이해해 주어서 고맙구나. 그리고 너를 사랑한다.

(4) 타인에 대한 선울림 4단계

상대방의 지금까지의 형성된 조건과 주어진 상황 속에서 현재와 같은 결과가 발생할 수 있겠구나, 그럴 수밖에 없겠구나, 또는 어쩔 수 없었구나 하는 자신과 상대방, 그리고 주어진 상황에 대한 선울림이다.

● 친구 사이 선울림 사례

A와 B는 절친한 친구 사이이다. A는 선박회사 직원으로 외국에서 근무를 하고, B는 국내에서 중소기업을 하며 평화로운 삶을 살아가고 있다.

A는 친인척들이 많지 않아서 평소에 쓸쓸하게 살아간다. 그래서 두 사람은 평상시에 언약을 하는데 누구라고 할 것 없이 서로에게 어려움이 닥치면 앞장 서서 애경사에 관한 일을 수습해 주기로 약속했다. 그 후 A의 부친이 갑자기 교통사고로 사망하는 상황이 발생하게 된다.

친구 A : 직업상 외국에서 근무를 하고 있는데 특수한 일을 하고 있어서 부친의 사망 소식을 접하고도 장례식장에 갈 수가 없는 환경에 놓여 있었다. 그래서 친구 B에게 장례식 절차를 주도해 달라고 도움을 청한다.

친구 B : A가 외국으로 출국한 사이에 기업체가 부도나서 채권자들로부터 도피를 하고 있는 중에 A에게 연락을 받게 된다. 그래서 B는 또 다른 친구에게 A의 장례식장 일을 처리해줄 것을 부탁해서 장례식이 잘 마무리되었다.

친구 A: A는 외국에서 장례식이 잘 마무리되었다는 인척들에게 소식을 접하고 B에게 고맙다는 생각을 가지고 있었다. 훗날 귀국해서 인척들의 이야기를 들어보니 B는 장례식장에 나타나지도 않았다는 소식을 접하고 B에게 배신을 당했다고 매우 분노한다. 다음 날 A는 B에게 통화를 시도해 본다. 그러나 통화가 연결되지 않았다. A는 B가 나쁜 친구라고 생각하면서 잊어버리기로 한다.

친구 B: 그로부터 5년이라는 세월이 흘러 B는 사업을 재기하게 된다. 과정은 이렇다. B는 사업체 부도로 처음 1년은 도피 생활을 하게 되어서 모든 지인들과의 소통이 되지 않았다. 그래서 B 주변에 있는 친구와 지인들은 이 사람이 사고라도 당했구나 하고 걱정하면서 마음으로부터 잊혀가고 있었다. 어느 날 B는 사업에 성공해서 공공의 자리에서 A를 만나게 된다. 국내에서 영원한 벗으로 우정을 약속할 때는 죽을 때까지 하나가 되기로 약속을 했건만, 오랜만에 만난 친구를 앞에 두고 서로의 감정은 냉기가 돌았다. 오랜만에 만난 자리에서 두 사람은 한마디 말도 하지 않고 헤어졌다.

친구 A: A는 집으로 돌아와서 마음이 불편하고 잠도 며칠간 이루지 못했다. 그토록 믿었던 친구가 부친 상조에 오지 않았다니 B의 행위가 쉽게 용서되지 않았다. 그 후 얼마만큼 시간이 흘렀고 어느 날 A는 B를 생각하게 된다. 친구가 왜 장례식장에 참석을 못했는지 궁금하기 시작했다. 그래, 친구에게 참석하지 못할 특별한 이유가 있었을 거야. A는 B에게 마음에 담았던 화를 풀고 만나서 이야기를 들어보기로 다짐하면서 B에게 전화통화를 해서 만나는 장소를 약속한다.

친구 B: 약속 장소에서 A와 B는 만났으나 쌍방 간에 불편한 사이가 되었다. B가 먼저 말을 시작하면서 오래전에 A의 부친 장례식장에 가지 못한 사정에 관해서 자초지종 이야기를 했다.

친구 A: B의 이야기를 듣고 난 후 A는 너도 참 어려움을 많이 겪었구나. 그 당시에 부도가 난 상황이 되어 도피 중에 있었으니 내 아버지의 장례식장 조문을 할 수 없었겠구나. 그래 친구야, 너도 얼마나 고생이 많았니. 내가 타인들의 이야기만 듣고 너를 많이 원망을 했었어. 이제 오해가 풀려서 다행이야. 앞으로는 옛날처럼 잘 지내보자.

(5) 타인에 대한 선울림 5단계

내가 이렇게 어리석고 힘들었는데, 상대방도 얼마나 힘들까 하는 상대방에 대한 이타심을 내는 초기 단계이며, 저 상대방도 마음과 몸이 많이 힘들겠구나, 상대방에 대한 이타심을 내는 단계이다.

● 가족의 선울림 사례
남편은 40대이다. 직업은 기능직으로 생활력은 조금 있고, 부인은 40대이며 전형적인 가정주부로서 집에서 1남 1녀를 양육을 하고 있는 한국 사회의 보편적인 가정이라고 할 수 있다.

남편: 인간성은 보편적이고, 손기술이 뛰어나서 경제적으로는 중산층 생활을 한다. 단점은 술을 좋아하고 친구들을 좋아한다.
부인: 전형적인 한국 여성상이며, 남편에게 내조를 잘하고 아이들을 잘 돌보는 1등 엄마이다.
아이들: 초등학교와 중학교를 다니고 있으며, 공부도 잘하고, 부모님 말씀을 잘 듣고, 밥 잘 먹고, 건강하게 잘 지낸다.

남편: 직장에서 퇴근하면 집으로 곧바로 오지 않고 회사의 회식 또는 친구들 모임 등을 이유로 매일같이 술독에 빠지다시피 하고 집으로 들어온다. 집에 들어오면 조용히 잠을 자는 것이 아니고 가족들을 괴롭히는 행동을 한다.

부인: 술을 마시고 늦게 귀하는 남편을 잘 맞이해주고 아침이면 해장국까지 끓여주는데 아무런 불평 없이 10년이라는 세월을 보내왔다.

아이들: 아버지가 매일같이 술을 마시고 들어오니 직접적으로는 표현하지 못한 채 속으로는 많이 속상해 하고 인성교육에 문제가 되기 시작한다.

남편: 어느 날 남편이 갑자기 쓰러져서 입원하게 되었다. 진단을 받은 결과 간암이라는 판정을 받고 침대에 누워서 지난날들을 돌아보며 후회를 해본다. 내가 이렇게 어리석어서 몸을 많이 힘들게 했구나. 또한, 나 때문에 가족들을 힘들게 하고 고통을 많이 준 것 같구나.

부인: 나는 당신 덕분에 편하게 잘 지냈고 괴로움은 없었어요. 내 고통은 걱정하지 말고 당신 몸이나 하루빨리 나으세요. 그런데 상처 부위가 많이 악화되어 있다고 하니 그것이 걱정입니다.

남편: 내가 매일 술을 마시고 술주정해서 미안하구나. 또 같이 놀아주지도 못하고 너희를 따뜻하게 안아주지도 못한 것 같구나. 그래, 그동안 너희가 외로움이 많았겠구나. 아버지를 많이 미워했지. 아버지가 병원에서 퇴원하게 되면 너희들과 함께하는 시간을 많이 가져보도록 하겠다. 애들아 사랑한다.

아이들: 아빠, 저희들도 아빠를 사랑해요. 사실 그동안 술을 드시고 집으로 들어올 때는 정말 싫었어요. 그런데 이렇게 병원에 누워 계시는 것을 보니 어떻게 위로해야 할지 눈물이 나요. 아빠, 빨리 건강하세요.

남편: 내가 그동안 부인과 자녀들에게 일방적인 생각 속에서 행동하고 화(火)를 많이 내면서 생활을 해왔어. 돌이켜보면 참으로 어리석은 행동을 한 것 같다. 그때는 왜 그런 행동을 했었는지 후회가 많이 된단다.

(6) 타인에 대한 선울림 6단계

내가 지금부터 무엇을 해야 되고, 나아가 상대방을 위해서 무엇을 해주고 어떻게 행복하게 해줄 수 있을까? 상대방에 대한 이타심을 내는 중기 단계이며 나에게 날아온 화살을 사랑으로 바꾸는 단계이다.

● 가족의 선울림 사례

지난날들은 일이 바쁘다는 핑계로 또는 먹고살기가 어렵다는 이유로 가정을 잘 지키지 못했어. 그래서 지금부터는 부인과 자녀들에게 잘해주어야 되겠어. 앞으로는 화(火)도 내지 않고, 부부싸움도 하지 않을 것이며, 상대방의 의견을 존중하고, 그 의견을 수용하면서 살아가야 되겠다. 그리고 가족과 함께하는 시간을 만들어서 여행도 하고 즐거운 프로그램을 통해서 가족들을 행복하게 해줄 것이다.

남편: 젊었을 때 성공을 하려고 일을 열심히 하다가 이런 병을 얻게 된 것 같다. 앞으로는 건강을 챙겨가면서 일을 할 것을 명심하고 부인에게는 술을 조금 마시기, 술주정 안 하기, 부인을 존경하기, 스트레스 안받게 해주기 등을 실천하면서 살아갈 것을 다짐해 본다.
부인: 당신이 병원에서 퇴원하면 어떤 내조가 필요로 하는지를 더 많이 생각할 것이고, 또 몸 건강을 위해서 약이 되는 음식들을 많이 해서 주고 싶어요.

아이들: 아빠, 우리들도 지금부터 공부를 열심히 할게요. 그리고 엄마, 아빠 말 잘 듣고 착한 사람이 되도록 할게요.

남편: 우리 가족들이 평상시에 바른 생활과 가족 간에 사랑이 많은 걸 나는 미처 몰랐구나. 이제부터는 아빠도 행복에 관한 공부를 열심히 해서 행복한 가정이 되도록 리더 역할을 잘할 것을 약속할게.

19

대상체와 선울림하기
(Resonance with Objects)

타 물체와 파동 이론에 따른 선울림을 어떻게 해야 할지를 나타내는 과
정이다.

(1) 자동차와 선울림하기

자동차를 타고가면서 자동차에게 다음과 같이 말한다.

차 주인: 자동차야, 날씨도 추운데 고생이 많구나.

자동차: 격려해주어서 감사합니다.

차 주인: 요즘 내가 너를 잘 살펴주지 못해서 미안해. 내가 요즘 너무
겨를이 없어서 말이야 용서해 주렴.

자동차: 괜찮아요. 세차를 자주 해주기만 해도 고맙지요.

차 주인: 항상 나의 발이 되어줘서 고마워. 그리고 항상 너를 사랑해.

(2) 다람쥐와 선울림하기

자연 속에서 살아가는 동식물들의 삶은 어떤 모습을 하고 있으며 행복

하다는 감정을 어떻게 표현할까?

주인장: 녹음이 짙어가는 6월 매봉산 아래 산속에는 산딸기와 산벚 열매가 탐스럽게 익어서 먹기가 안성맞춤이다.

다람쥐: 이름 모른 야생 다람쥐 1마리가 출현해서 산딸기를 열심히 먹고 있다.

주인장: 주인장이 다람쥐를 쫓아 본다. 그런데 다람쥐는 요동하지도 않은 채 먹거리에만 신경을 쓰고 잘 먹고 있다. 인제 그만 먹고 그만 가거라. 그러나 다람쥐는 반응이 없다.

다람쥐: 갑자기 자기들만의 소리로 신호를 보내더니 어디로부터 달려왔는지 금방 5마리가 되었다.

주인장: 어어? 이거 안 되겠네. 주인장이 달려가서 다람쥐들을 쫓아 본다.

다람쥐: 다람쥐는 주인장의 성화에 못 이겨 잠시 자리를 피한다. 주인님, 조금만 먹게 해주세요.

주인장: 이 딸기는 내가 가장 좋아하는 열매야. 그런데 너희가 마구 먹어버리면 1년 농사를 망치게 되지.

다람쥐: 주인님 피해를 입혀서 미안해요. 그런데 지금 우리 식구들은 배가 많이 고파요. 그러니 조금만 먹게 해주세요.

주인장: 그래, 얼마나 배가 고프면 애원을 하겠니. 그러면 조금만 먹으렴.

다람쥐: 감사합니다. 가족들과 함께 딸기밭에서 맛있게 식사를 한다.

주인장: 다람쥐들이 딸기를 먹고 있는지도 벌써 1시간이 지났다. 그런데 이게 웬일인가? 또 다른 다람쥐 가족까지 몰려와서 딸기밭을 초토

화시키고 있지 않은가.

다람쥐: 주인장님 미안해요. 조금만 더 가지고 갈게요. 다람쥐들은 많이 먹고 배가 부른 뒤 입의 양쪽 볼이 튀어나오도록 저장을 한다. 그리고 가족들이 자기네 집으로 돌아간다. 주인님 고마워요. 잘 먹고 갑니다.

주인장: 다람쥐들이 떠난 후 딸기밭을 바라본 주인장의 마음은 씁쓸했다. 어? 딸기가 많이 없어졌네. 올해 농사를 망쳤어. 다람쥐들을 다 잡아서 없애 버릴까. 주인장은 혼자 중얼거리다가 곧바로 마음을 편안하게 정리한다. 그래 나는 많이 손해를 보았지만 너희 가족들이 행복해하는 모습을 바라보는 것만 해도 나는 딸기값을 치렀다고 생각한다. 내 걱정하지 말고 행복하게 잘살아라.

* 필자가 바라본 다람쥐의 습성

다람쥐들의 습성은 한 마리가 먹이 군락지를 발견하면 다른 다람쥐들에게 그들만이 알 수 있는 신호를 보내서 친구들을 먹이가 있는 장소로 모이게 한다. 그리고 이어서 다람쥐들의 규칙에 따라 잔치판을 벌인다. 다람쥐들이 먹이를 먹는 모습을 바라보고 있노라면 욕심쟁이 그 이상이다. 입속 양쪽에 가득 넣은 상태에서 또다시 먹이를 들고 먹는다. 욕심쟁이 다람쥐는 많이 먹는 이 순간이 행복한 시간일까? 아니면 먹고 있는 자체가 행복이라고 생각을 할까? 먹고 있는 행위를 바라보는 필자의 생각이다.

(3) 물 입자 실험(이모토 마사루 박사, 일본 IHM 종합연구소 소장)

필자의 주방에 식수를 마시는 물병에다 감사와 사랑이라는 글을 써서

붙여놓았다. 그래서 그런지는 몰라도 물맛이 다르고 흡수력이 좋아지는 것을 느낄 수가 있었다.

(4) 씨앗의 성장 속도 실험(Dr. Bernad Grad, 캐나다 맥길 대학)

찰옥수수 작물을 실험으로 해보았다. 필자의 텃밭에서 봄에 밭을 갈고 씨앗을 A고랑, B고랑, C고랑 순으로 파종을 했다. 씨앗의 발아 속도와 새 싹의 성장 속도는 밭을 관리하는 주인장의 관심의 정도에 따라서 달라지는 것을 느낄 수가 있다.

씨앗의 성장 속도는 파종할 때 주인장의 마음을 담아서 파종해야 한다. 예를 든다면, 마음은 콩밭에 있으면서 옥수수 씨앗을 파종하고 있다든지, 일하기 싫은데 마지못해서 파종한다든지 등의 이유에 따라서 씨앗의 발아 속도가 다르다는 것을 체험했다.

또 씨앗이 발아를 통해서 땅 위로 움이 터서 새싹이 되는 과정에서도 주인장의 관심이 필요하다. 물론 새들에 의해서 새싹을 망치는 경우도 있으나 씨앗과 주인장에 관계에서 얼마나 많은 교감을 하느냐가 성장 속도에 관건이 되는 것 같다. 씨앗이 발아가 잘되고 성장을 해서 열매를 수확하여 지인들에게 나눔을 실천해 보았다. 한결같이 옥수수 맛이 좋다고 했다. 매년 지인들에게 듣고 느끼는 소감이다.

왜 맛이 있다고 할까? 그렇다면 어떻게 맛이 다를까? 많이 고민을 해보았다. 필자가 생각하기에는 종자도 좋고 주인장의 사랑이 담겨 있어야 한다는 것을 깨달았다.

(5) 고구마 새싹 실험

고구마는 밭에서 재배된다. 성장이 된 고구마를 실내에서 작은 그릇에 놓고 물을 담아두면 며칠 후 새싹이 나와서 자라기 시작한다. 하루에 한 번쯤 고구마의 새싹과 교감을 시도해 본다. 새싹은 줄기가 되어 무럭무럭 잘 자라고 있는데, 마치 주인장을 닮아가는 것 같다. 왜 그럴까? 생각해 본다. 새싹이 놓여 있는 거실의 환경적인 이유와 주인장의 생활습관이 영향을 미치는 것 같았다. 주인장이 새롭게 알아챘다. 그래, 맞아. 식물들이 나에 생활 모습을 바라보고 있었어. 그리고 나의 생활습관을 따라 하고 있었어. 그렇구나, 집 안에서 일상생활을 잘해야 되겠구나. 고구마야, 고마워. 그 이후로 주인장의 일상생활에 변화가 시작되었다.

(6) 글씨 실험

감사와 사랑이라고 쓰인 작품을 만들어 보자. 그리고 예쁜 글씨들을 목걸이로 만들어서 대상체에게 걸어주거나 메달아 주자. 목걸이를 걸어 줄 대상체는 참여자가 직접 선택하면 좋다.

주인장: 벚나무에 나무로 만든 새집을 달아주었다. 그리고 새집 옆쪽에 감사와 사랑이라는 글을 써주고, 벚나무야, 새집에서 새들이 잘살 수 있도록 보살펴 주렴.
벚나무: 예, 주인님 걱정하지 마세요. 새집이 나에게 감사를 표현하는데 나도 사랑으로 잘 보살펴 주어야지요.
주인장: 야, 새집에 박새들이 살고 있구나! 새끼들이 여러 마리가 있네. 박새 가족이 행복하게 살고 있는 모습을 보니 나도 행복하게 느껴지는구나.
벚나무: 새들이 아침에 잠을 깨워주고 노래도 불러주니 생리적으로 리듬 감각이 좋아지고, 나무에게도 생리적으로 크게 도움이 되어 이렇게

잘 크고 있잖아요.

주인장: 그렇구나. 나는 너에게 감사와 사랑이라는 글씨가 써진 새집을 달아주면서 너에게 짐이 되어 미안하게 생각했단다. 그런데 너무나 만족하는 모습을 보니 내 마음도 가볍구나.

벗나무: 예, 주인님. 무럭무럭 잘 자라서 예쁜 꽃을 선물해 드릴게요.

주인장: 그래, 나는 매일 아침 너를 바라볼 때마다 행복한 마음이 가득이란다.

(7) 음식과 선울림하기(Dr. Dean Radin, 프린스턴대학)

감사한 마음으로 음식을 먹을 때, 음식 속에 담겨 있는 영양분들이 생체 각각의 기관으로 흡수율이 빨라지는 것을 체험하게 된다.

주인장: 필자의 식사 시간은 일반적으로 40분 정도를 원칙으로 하며, 아주 느리게 섭생을 하는 습관을 유지하고 있다.(특별한 경우는 제외) 오늘 아침은 어떤 메뉴이며 반찬들은 어떤 종류들이 식탁에 올라왔을까를 생각하면서 식사를 하는 자리에 임한다.

채소 그릇: 피망, 고추, 자소엽, 씀바귀, 냉이, 더덕, 잔대 등이 채소 그릇에 가득 담겨져 있으며 주인을 기다리고 있다. 주인님, 피망 한 번 먹어보세요. 오늘은 빨간색, 자두색, 녹색 등이 있습니다. 원하는 색을 골라서 드셔 보세요.

주인장: 채소 그릇을 바라보며 피망이 색깔도 예쁘고 싱싱해서 맛있게 보이는구나. 한 개를 들고서 먹어 본다. 와! 맛있네. 이어서 자소엽을 먹어 본다. 아, 자소엽의 맛은 구수하구나. 그래, 채소들아 나에게 에너지원이 되어 주어서 고맙고 감사하구나.

채소 그릇: 여기에 씀바귀도, 냉이도, 더덕도, 잔대도 있어요. 한 가지씩 먹어 보세요.

주인장: 그래, 먹어보려고 한다. 채소들아 나의 건강을 챙겨주어서 고마워. 그리고 나는 너희들을 항상 사랑하고 있단다.

밥 그릇을 바라보며, 주식인 밥은 어떤 잡곡들이 있으며 생체의 에너지원으로서 어떤 기능들을 수행할까를 잠시 생각을 하면서 한 스푼 떠서 섭생한다. 아, 고소하고 맛있네. 천천히 씹으면서 냉이 한 뿌리도 함께한다. 그리고 밥과 채소 사이에 김치 등을 섭취하면서 저작의 즐거움을 만끽해 본다.

• 음식물과 선울림의 행법 실행하기

저작(咀嚼)을 할 때 10번을 씹고 난 후 "감사합니다."라고 말한다. 또 10번을 씹고 난 후에 "사랑합니다."라고 음식물들과 교감을 하는 습관을 길러본다.

4

휴선 아침 명상

Natural Happiness

1
휴선 아침 명상

(1) 아침 명상이란

사념의 비움과 버림을 통해 내면에 진정한 자신을 발견하고, 삶과 생명에 소중함을 깨닫고, 행복하고 건강하며 풍요로운 삶으로 방향성을 확립하는 것이다.

(2) 아침 명상 수련의 기능

① 수련자의 마음을 고요하고 평화로운 정신 상태로 만들어 준다.

② 일상생활 속에서 생각을 많이 하는 사람들에게 도움이 되며, 근심과 공포로부터 해방되어 근육을 이완해 주는 기능을 한다.

③ 욕심을 덜어내므로 내면에 잠재되어 있는 영과 혼이 하나 되어 소통과 통일이 되는 기회를 갖게 된다.

우리의 생활은 아침에 눈을 뜨고 일어나자마자 뭔가 쫓기듯이 바쁘게 서두르든가, 아니면 세월이 정지된 것처럼 느긋하고 안일하게 게으름을 부리기도 한다. 이러한 생활 속에서 단 한 번만이라도 평안하고 조용한 곳에 바르게 좌정을 하고 앉아서 눈을 감고 자신을 돌아보게 되면 우리는 실로 많을 것을 느끼게 된다.

필자는 매봉산 아래 정자에서 매일 아침 1시간 30분 정도 운동을 한다. 온몸 스트레칭, 휴선무(舞), 아침 명상 등의 순서대로 수련을 한다.

팔각정자 옆에는 적송이 있다. 그 소나무와 교감하면서 명상 수련을 임하며, 아침에 실행하는 수련 시간에는 자연이 주는 맛을 알아채면서 동시에 행복감을 느끼는 순간이 된다. 휴선 아침명상은 일상생활 속에서 가벼운 수련을 통해 내면에 진정한 자신을 발견하고 스트레스 등을 해소하기 위한 자연 운동 행위로 종교 또는 도가에서 수행하는 수련 기법과는 다르다는 점을 밝힌다.

(3) 명상 행위

무위행(無爲行)의 절대 시공간에 들어가 진리를 알아채기 위해 수련하는 제반 의식 개발의 행위를 말한다. 따라서 초보자 과정은 대체로 눈을 감고 좌정(坐定)한 상태에서 자기 스스로 관조(觀照)하는 것으로부터 시작한다.

(4) 명상의 용어

① 입명(入明)

고요히 눕거나 앉은 자세에서 스스로를 관조(觀照)하는데 이때 눈을 감고 싶은 의식의 상태로 들어가는 것을 입명이라고 한다. (밝은 마음으로 들어가 있다는 뜻임)

② 의식(意識)

현재의 마음을 비추는 빛 위의 그 무엇이며, 거기에는 빛과 소리와 조화라는 과정이 담겨 있다고 생각한다. 그러므로 명상 수련 시에 보고, 듣고, 느끼는 모든 작용을 의식이라고 한다. 의식의 주체는 눈을 감고 초점을 맞추어 바라보는 제3의 눈(의식의 눈)이고, 대상은 온몸과 그에 포함된 공간이 의식의 대상이 된다.

③ 제3의 눈

눈을 감고 바라볼 때 의식의 중심이 되는 뇌중앙 부위에 발광구멍의 정신 집중처를 제3의 눈이라고 한다.

(5) 빛[光]의 아침 명상

동녘에서 떠오르는 아침 햇살을 받으며 아침 명상의 접근은 빛의 배양과 출력을 높이기 위한 정신 집중으로부터 시작한다. 모든 생물은 빛의 영향을 받거나 취하지 않으면 살아갈 수가 없다. 따라서 빛은 생물체의 발전적 진화를 위한 양성 반응이고, 어둠은 이에 대응하는 조화를 취하기 위한 음성적 존재이다.

우리 몸은 하나의 작은 우주이다. 따라서 그 속에는 생활환경에 있는 온갖 보물과 쓰레기까지도 다 담고 있다. 따라서 우리 몸은 늘 엄청난 음식물을 섭취하고 수많은 찌꺼기(똥)와 오줌, 땀 같은 분비물을 방류한다. 흡수한 에너지를 산화, 분해, 합성, 환원이라는 분배를 통해 온몸의 기능을 보존하고 운동과 활동을 할 수 있게 해준다. 그런데 보통 사람들은 이러한 근원적인 생명 에너지의 참 기능을 모르는 채 헛된 물질에 집착을 하는 경향이 많다.

① 생체에서 빛의 배양

인간의 활동을 이끄는 가장 중요한 포인트는 정신 집중력으로부터 비롯된다. 정신이 집중되면 인체의 모든 기능은 그 집중된 곳을 향해 헌신하게 된다. 따라서 정신력 집중은 빛을 생산하는 원동력이 되는 것이며, 내외공(內外功) 수련이나 호흡, 명상 등도 정신 집중에 의해 창출된다. 여기에서 정신 집중을 통한 빛의 배양은 살아 있는 현재 의식으로, 오직 현재의 진실만을 창출해 내야 한다. 과거, 미래 흔적이나 소망에 집착하면 현재 의식의 충분한 착상이 이루어지지 않게 된다.

② 정신 수련

명상에서의 정신 집중과 수련은 생각된 의식을 실재 행동으로 변화시켜 창출하는 에너지를 통해 빛이 배양되고 온몸의 기능과 역할이 참되게 정화되어 조화를 취하는 것을 목표로 한다. 또한, 명상 수련의 공간은 숲과 햇살이 잘 조화된 곳을 선택하는 것이 좋다.

③ 빛의 정화 작용

명상의 수련에 있어서 가장 어려운 과제는 인간의 무의식적인 문제를 어떻게 해결할 수 있을 것인가 하는 것이다. 인간은 과거의 잠재의식에 구속된 미래가 아닌, 모든 구속과 압박으로부터 해방된 자유와 행복의 미래를 펴기를 원한다. 그러나 그것은 하나의 소망일 뿐, 스스로가 정당한 대가를 지불하지 않는 한 무의식과 잠재의식으로부터 벗어나기는 지극히 힘들 것이다. 무의식적인 두려움, 무의식적인 공포감, 무의식적인 외로움, 무의식적인 고독감 등이 그 표본이라 할 수 있다.

명상에 입명(入明)하여 의식을 집중하면 일단 온몸에 빛이 배양되고,

그 배양된 빛들은 스스로 온 몸속에 상관된 작용을 일으키며 구석구석의 기능을 정화시키는 작용을 해준다. 그런데 이 빛의 정화 작용이 때때로 한계에 도달하게 된다. 그 이유는 무의식과 잠재의식의 방해와 혼란 작용 때문이라는 것이다.

머리가 길면 깎아야 되고 손톱, 발톱이 길면 잘라 없애야 하듯이 이 세상을 살아가면서 불필요한 부분은 과감히 수술과 정화를 해야 한다. 이러한 인간의 자기 정화는 보다 큰 의미의 사랑이며, 늘 새로운 가치에 도전하며 개혁하는 창조적 기쁨이 되기도 한다.

④ 소리의 종류와 기능

소리[音]는 문자 그대로 빛(태양) 위에 서 있는[立] 에너지이다. 정체된 물질이 공명통을 갖거나 스스로 공명통이 되어 부딪치거나 진동할 때 그 어둠을 뚫고 진동체의 성격과 품성에 일체하는 빛으로 소리의 에너지를 생산한다.

대자연의 물소리, 바람 소리, 새소리, 짐승 소리, 노랫소리, 악기 소리 등의 모든 소리는 그 나름대로 존재의 향연이며 그대로 전체가 자연이 주는 교향악단이다. 여기에서 우리는 소리[音]의 정체를 알고 그 힘과 기능을 이용하여 스스로의 마음에 문을 열고 진실에 도달하기 위한 명상 수련의 자세가 필요하며, 불쾌하고 나쁜 소리는 조화롭지 못한 에너지이므로 가급적이면 배격해야 한다.

⑤ 분별의 명상 : 지식과 이성

참다운 지식을 소유하기 위해서는 지금까지 쌓아오고 모아놓은 모든 지식을 버려야 한다. 끊임없이 생각, 요구, 표현, 기억, 소멸 등의 변화되는 정신적 작용에 일일이 비위를 다 맞출 수 없다. 그렇기 때문에 버릴 건 버리고 취할 건 취하는 정확, 신속, 명료 등의 현명한 분별력을 갖추어야 한다. 그리고 이것을 갖추기 위해 마음(생각)을 텅 비게 하여 소리 내는 명상법을 '분별의 명상' 또는 지식과 사고의 명상이라고 한다.

⑥ 감정 명상 : 본능과 지혜

감정은 인간과 생태계의 본능으로 그 어느 것 하나라도 버릴 것이 없는 꼭 필요한 삶의 도구이자 수단이다. 인간이 이 세상을 살아가는 데 있어서 가장 근원적인 문제는 스스로를 알 수 없다는 것이지만 변화, 수용, 증대 등을 확장시키는 역량만큼은 자신 스스로가 노력을 통해서 기능성을 높여가야 한다.

감정은 취향과 함께 개개인의 타고난 소명(昭命)의 본능으로부터 자연스럽게 흘러나오는 것이기 때문에 지극히 중요하기도 하고 위험하기도 하며 때로는 멋지고 사랑스럽고 불쾌하고 혐오스러움 등 온갖 신비한 작용을 다 표현해 주고 있다. 감정은 마치 예술작품이나 음악의 재료와도 같이, 또는 우리가 섭취하는 음식물처럼 취하거나 버려야 할 나름대로 의미와 가치를 충분히 가지고 있다. 그러므로 그 근원적인 정체를 알아야 하는 이유이다.

감정 명상은 감정이라는 음식물 중에서 우리에게 꼭 필요하고 유익한 것만을 골라 섭취함으로써 그렇지 못한 독성과 나쁜 기운을 이겨내고 우리 몸 밖으로 변을 배설하듯이 뽑아내는 자기 치유적인 명상 기법이다.

- 일상에 놓인 상승 에너지의 감정 : 善, 光

사랑, 기쁨, 환희, 행복, 희망, 소망, 노력, 열정

평화, 이해, 용기, 긍정, 믿음, 순수, 발랄, 경쾌

자유, 조화, 균형, 미소, 친절, 봉사, 진실, 창조

● 일상에 놓인 하강 에너지의 감정 : 惡, 暗

미움, 슬픔, 고통, 불행, 절망, 낙망, 단절, 포기

배반, 좌절, 무지, 부정, 전쟁, 의심, 오염, 분노

모순, 공포, 침체, 습관, 환상, 거짓, 오만, 욕망

감정이라는 물성은 기쁘고 슬프고 사랑스럽고 미운 것만의 표현이 전부가 아니다. 인간의 모든 행위에는 그 어떤 빛과 소리가 작용하며, 빛과 소리가 있는 곳에는 반드시 그 시공간(時空間)의 감정이 작용한다. 따라서 인간의 삶은 마음으로부터 감정이 작용해서 감정으로 발전하다가 감정은 생명과 함께 소멸이 된다고 해도 과언이 아닐 것이다.

2
휴선 아침 명상 12단계 실행

　명상의 자세는 보편적으로 편안하고 자연스럽게 앉아서 실행하는 것을 기본으로 한다. 턱은 몸쪽으로 당기고 척추는 바르게 세워서 호흡 소통이 원활하도록 하며, 양손은 손바닥이 양 무릎 위에서 하늘(위쪽)을 향한 상태로 손가락을 약간 벌려서 놓는다. 처음 명상을 시작하는 사람이라도 자세는 항상 자연스럽고 편안하게 유지할 수 있도록 한다. 또한, 초보자들은 단정한 자세를 원칙으로 하되, 자세를 취할 때 불편한 곳이 생기면 온몸을 가볍게 풀어가면서 자세를 편안하게 유지할 수 있도록 한다.

(1) 기다림(호흡)을 관찰하는 명상

　• 기(氣): 우주의 기운과 자연 속에 놓인 피톤치드의 향기를 생체의 호흡기(폐와 폐포)의 활동 기능을 통해서 내면의 감성 에너지와 교감하고 소통을 체험해 보는 방법이다.

　• 다(茶): 식물 속에 담겨 있는 다섯 가지의 맛[味]을 음미하면서 생체 호르몬이 작용하는 다섯 가지의 감정들과 함께 마음으로 교감해 보는 과

정이다. 그리고 숲의 공간 속에 놓인 약초 차의 기능들이 몸속으로 흡수되는 느낌에 관하여 감사하며 몸의 건강과 정신의 안정감을 물질 에너지를 통해 느껴보는 방법이다.

- 림(砅): 지구의 광물질과 녹색 자원을 이용하여 쾌적한 주거 공간을 만들어서 삶의 질을 향상하기 위한 잠자리, 목욕, 레저생활 등을 쾌적하게 즐길 수 있도록 현대적인 감각으로 공간을 창작하는 시스템이다. 림의 공간에서는 잠자리 명상, 세심 명상, 여가문화 명상 등을 체험해 보는 방법이다.

- 기(氣)의 행법

① 숲이나 실내의 공간 중에서 조용한 곳을 선택하고 좌정(坐定) 자세를 취한다. 자세는 허리는 바르게 펴고 턱은 당겨서 호흡이 단전 공간을 쉽게 소통할 수 있게 해준다.

② 호흡을 관찰하는 명상은 복식호흡의 작용으로 단전의 기운을 통한 횡격막이 상, 하 운동을 할 때 리듬을 잘 맞추는 것이 호흡 조절에 중요한 관건이 된다.

③ 숨을 밖으로 뱉어낼 때를 날숨이라고 하고, 숨을 들어 마실 때를 들숨이라고 한다.

④ 날숨을 할 때 휴(然)라고 마음속으로 외치면서 내면에 있는 화의 기운들을 모두 뱉어내는 기분으로 분출을 시킨다.

⑤ 들숨을 할 때 선(仙)이라고 마음속으로 외치면서 숲 속에 휘산되어 있는 신선한 산소를 풍부하게 천천히 들이마신다.

⑥ 복식호흡을 할 때 날숨은 입을 통해서 실행하고 들숨은 코를 통해서 실행해야 한다.

⑦ 호흡의 양과 시간은 날숨과 들숨을 1:1의 비율로 실행하는 것이 바

람직하며, 시간은 10~15초 사이가 적당하나 사람에 따라서 폐활량이 다를 수가 있으므로 개인별 생체 리듬에 맞추는 것도 좋은 방법 중 하나이다.

⑧ 호흡의 행법 실행시간은 초보자는 10분 이내로, 3개월 이상 20~30분 동안 명상과 함께 실행한다.

● 다(茶)의 행법

① 다(茶)의 명상 행법은 가급적이면 2인 이상 실행하는 것이 좋으며, 서로 마주 보면서 실행할 수 있는 자리 배치가 중요하다.

② 숲 또는 가정에서 찻상 앞에 좌정한다.

③ 자신이 좋아하는 차의 종류를 선택하고 차의 재료를 준비한다. 여름에는 냉차를 준비해서 시음하고, 겨울에는 온차를 준비해서 시음하도록 한다.

④ 만약에 자신이 좋아하는 차의 종류가 오미자차라고 가정한다면 찻잔을 앞에 놓고 다섯 가지의 맛에 관한 의미를 생각해 본다.

⑤ 차를 마실 때는 조금씩 천천히 마시도록 하며 차가 식으면 조금씩 보충하면서 마시면 된다.

⑥ 다(茶) 명상에서 중요한 포인트는 차를 입에서 머금고 있다가 아래 방향으로 내려갈 때 정신을 장기 부분으로 집중시켜서 물체가 이동을 하는 경로를 읽을 수 있어야 한다.

⑦ 입을 통한 한 모금과 한 모금을 마시는 시간은 5~10초 간격으로 마시면서 느낌을 실행하는 것이 좋다.

⑧ 차를 마실 때는 비움과 채움의 과정을 호흡으로 조절하고 차의 맛을 음미하면서 천천히 아래로 내려보내는 기법을 익히도록 한다.

● 림(砅)의 행법

① 기능성을 첨가한 침실에서 명상을 실행하는 행법과 테르펜 흡기욕장에서 명상을 실행하는 행법을 소개하고 한다.

② 침실 밑에 소나무나 잣나무 향이 가득한 기능성 공간을 조성한다.

③ 취침 전에 테르펜 향기를 음미하면서 복식호흡을 5~10분간 실행하면 쾌면에 많은 도움을 주게 된다.

④ 가정이나 숲의 공간 속에 테르펜 흡기욕장을 만들어 놓는다. (테르펜 흡기욕장 참고)

⑤ 천정 및 바닥과 벽체 4면이 소나무 잎으로 쌓인 공간을 말하며 솔잎장판 위에서 명상을 위한 좌정을 한다.

⑥ 좌정한 자세에서 복식호흡을 실행할 때 솔잎의 향과 공기의 배합이 들숨과 날숨을 원활하는 기능에 관건이 된다.

⑦ 테르펜 흡기욕장에서 5분간 실행하고 밖에서 1분간 휴식을 취하는 순서로 5회에 걸쳐서 20~30분 정도 실행한다.

⑧ 효과: 혈액에 산소 공급을 충분하게 해줌으로써 정신이 맑아지고 시험공부 및 업무 기획 능률을 향상시켜주는 효과가 있다.

(2) 코끝에 의식을 집중하는 꿈 명상 (눈)

의식의 주체는 눈을 감고 초점을 맞추어 바라보는 제3의 눈(의식의 눈)이고, 온몸과 그에 포함된 공간이 의식의 대상이 된다. 코끝에 의식을 집중하는 과정은 꿈과 희망을 한곳으로 모아서 소원을 빌어보는 기회적인 수련이 된다.

● 행법

① 명상을 할 수 있는 공간을 찾아서 좌정을 하고 눈을 감는다.

② 심장과 대화를 하면서 마음이 편안하도록 조절을 해준다.

③ 오늘 실행하고자 하는 목표를 설정한다.

④ 눈동자에는 힘을 빼고 자연스럽게 초점을 맞추어본다

⑤ 또 다른 방법으로는 눈을 뜨고 앞에 놓인 사물을 바라보면서 의식을 집중하는 기법을 실행해도 된다.

(3) 깨달아 살피는 나무 명상 (발아)

생각이 일어남을 단지 알아채는 것을 말한다. 산과 들에서 잡초가 발아를 통해 땅속에서 새싹이 치고 올라올 때의 과정이라고 생각을 하면 이해가 쉽게 될 것이다.

● 행법

① 나무 명상의 자세는 두 가지로 실행이 가능하다.

– 한 가지는 서 있는 상태에서 나무를 바라보고 실행하는 기법이고

– 한 가지는 좌정을 하고 눈을 감거나 사물을 바라보면서 실행하는 기법이 있다.

② 밭에서 콩이나 옥수수 씨앗이 있는 자리를 관찰하고, 땅으로부터 씨앗이 발아(發芽)하는 과정을 바라보면서 생각이 일어나는 원리를 탐구해 본다.

③ 봄철이 되면 나뭇가지에서 새싹이 돋아나는 현상을 볼 수가 있다. 그 순간 자신 마음속에서 돋아나는 새싹의 모습과 비교해 본다.

④ 나뭇잎 새싹은 성장하면서 색깔과 크기가 하루가 다르게 변하는 것을 볼 수가 있다. 그 과정을 보면서 자신 스스로 깨달아가는 순간들을 느껴본다.

(4) 쉬고 쉬는 명상 (목화 솜)

어떠한 선도 악도 생각하지 않으며, 마음이 일어나거든 곧 쉬고, 인연을 만나도 쉬는 것을 말한다. 또 생활 속에서 좋고 나쁜 일을 가리지 않고 자연에 순응하며, 어떤 일을 하면서 욕심이 일어날 때 마음을 비우고자 하는 자세를 취하며, 운명적인 인연을 만나도 자연에 순리를 따르며 서두르지 않고 여유를 가진다. 냇가에서 흐르는 물이 쉬고 쉬며 하염없이 흘러가듯이 인내와 유연성이 담겨있는 명상기법이다.

● 행법

① 자연의 공간에서 몸과 마음을 편안하게 쉴 수 있는 공간을 준비한다.

② 자세는 걷기, 서서 하기, 앉아서 하기, 누워서 하기 등 스스로 자유롭게 편안한 자세를 선택한다.

③ 실행을 할 때는 지형지물을 활용해서 수련 기법을 결정하는 것이 효과적이다.

④ 지형지물은 나무, 바위, 시냇물, 낙엽, 나뭇잎 등이 있는데 현장의 상황에 따라서 자연 물질과 수련의 자세를 판단한다.

⑤ 실행을 할 때는 자연 물질과 직접 스킨십을 하면서 각각의 물질 속에 담겨 있는 에너지를 감성으로 교감한다.

(5) 마음을 없애고 대상을 두는 명상 (야생화)

생각을 쉬어 바깥 경계를 돌아보지 않고, 다만 스스로 마음을 쉬는 것이다. 이것을 일컬어 '사람은 빼앗고 경계는 빼앗지 않는다.'라고 한다. 아직 결혼하지 않은 청춘 남녀 한 쌍이 있었다. 그들은 정신적으로 열렬하게 사랑을 하는 연인 관계인데도 불구하고 육체적인 성관계는 없었다.

그러던 어느 날 여성이 먼저 남성에게 성관계를 요구했다. 그러나 남성은 정중하게 안아주면서 거절했다. 그래, 나를 향한 너의 마음은 너무도 고맙구나. 네 마음을 빼앗은 것으로 할게. 그러나 아직은 우리 사이에 놓인 경계는 빼앗고 싶지는 않구나. 이 순간 나는 너를 사랑하며 아름다운 추억으로 간직하고 싶다.

● 행법
① 자연에 놓인 아름다운 야생화를 선택한다.
② 꽃의 아름다움을 향기로 취하고 황홀한 모습으로 바라본다.
③ 야생화의 향기를 냄새로 취하면서 만족하되 바람에 흔들리는 꽃을 꺾지는 않을 것이라고 마음을 정리해 본다.
④ 욕심과 배려 사이에 놓인 경계선을 복식호흡의 기법으로 다스려 본다.

(6) 경계를 없애고 마음을 두는 명상 (거울 속의 달빛)

안과 밖의 모든 대상을 모두 비워 고요하게 관찰하되, 다만 관찰하는 한 마음만 두어 외로이 드러나 홀로 서는 것을 말한다. 호수 속에 떠 있는 달을 바라보고 있노라면 마음이 편안하고 고요해지는 것을 느끼게 된다. 물결은 바람과 함께 달빛을 타고 흘러가고 있는데 호수 속에 떠 있는 달은 홀로 외롭게 자리를 지키고 있다.

● 행법
① 달이 밝은 날 호숫가에서 편안하게 수련이 가능한 자리를 준비한다.
② 자세는 서서 하기, 앉아서 하기 등이 있는데 자신에게 편안한 자세를 선택한다.

③ 처음 명상을 시작할 때 왼쪽 눈은 뜨고 오른쪽 눈을 감은 상태에서 3분간 실행한다. 3분 후 오른쪽과 왼쪽을 바꾸어가면서 3회 정도 실행한다.

④ 그리고 두 눈을 뜨고 5분간 정심을 한 상태에서 달빛을 관찰하는 기법을 실행해 본다.

(7) 마음도 없애고 경계도 없애는 명상 (폭포의 소리)

첫 번째 바깥 경계를 비우고, 두 번째로 안에 있는 마음을 없애는 것이다. 깊은 산 속으로 가면 크고 작은 폭포들을 만나게 된다. 폭포는 흐르는 물의 양과 낙차의 환경에 따라서 규모가 크거나 작은 관계로 형성되며 다면적인 작용을 발생시키는데, 그중에서도 분자 생성 작용을 통한 소리 작용이 생체리듬에 도움을 주는 기능을 하고 있다. 폭포의 소리는 바깥 경계를 비우게 해주고 물 분자들은 마음에 경계를 비우게 해준다.

● 행법

① 좌선이 가능한 높이의 폭포를 선정하고 수영복과 준비 운동을 실행한다.

② 초보자는 여름에 수련을 하고 숙련자는 겨울에 수련을 해도 좋다.

③ 준비 운동을 마친 후 폭포의 낙수 곁으로 접근해서 자리를 한다.

④ 폭포의 간접 낙수 지점에서 10초 동안 적응을 하고 점진적으로 폭포수 중앙 부분으로 접근하면서 시간을 늘려본다.

⑤ 시간은 10초→30초→1분 등으로 늘려간다.

⑥ 폭포의 낙수 체험은 개인에 수련 능력에 따라서 시간과 수련 기법을 다르게 적용한다.

⑦ 폭포의 낙차 수련을 통해 물과 공기의 경계를 깨닫고, 육신과 정신의 경계를 깨닫게 한다.

(8) 마음도 두고 경계도 두는 명상 (비, 바람의 관계)

마음은 마음자리에 머물고, 경계는 경계자리로 머물러, 때로 마음과 경계가 서로 서로 맞서더라도 마음이 경계를 취하지 않고 경계는 마음에 이르지 않아 저마다 서로 부딪치지 않으면, 저절로 망념이 생기지 않아 장애가 없는 것을 말한다. 생활 속에서 상호 간에 이념 관계 때문에 스스로 감정적인 상처를 받거나 편을 가르는 일은 없어야 한다. 우리가 살고 있는 공간 속에는 비와 바람이 존재하며 각각의 경계에 머물며 기능을 수행하고 있다. 공동체의 삶에서 때로는 비와 바람이 함께 몰아치는 현상을 종종 볼 수 있는데, 이때 비와 바람이 서로 맞서더라도 상호 간에 경계를 취하지 않고 동행을 하는 모습들이 아름다운 삶이라고 말할 수 있을 것이다. 자연인이 바라볼 때 수련자는 비[雨]는 비요, 바람[風]은 바람이라는 관계의 정서를 스스로 깨닫게 된다.

● 행법
① 여름철 비 오는 날 또는 소형 폭포를 선택한다.
② 숲이 울창한 환경에서 넓은 바위를 선정하고 좌정을 한다.
③ 복식호흡을 하면서 양팔을 옆으로 뻗는다.
④ 나비가 날개를 펼치는 모습처럼 반복적으로 동작을 취한다.
⑤ 동작을 실행하면서 땅의 기운과 비의 경계를 느껴본다.
⑥ 동작을 실행하면서 땅의 기운과 바람의 경계를 느껴 본다.
⑦ 비와 바람이 함께 발생할 때 환경과 인간의 경계를 느껴 본다.

⑧ 환경적인 부분에서는 비 오는 날이나 폭포가 아니더라도 관계는 없다.

(9) 마음과 경계를 온전히 본체로 삼는 명상 (아침 이슬)

안과 밖 모든 것이 하나의 본체로, 고요히 비고 밝아 털끝만큼도 다름이 없이 보는 것을 말한다. 시골에는 이슬과 서리를 자주 접하며 관찰을 할 수 있는 기회가 많이 있어서 필자는 항상 행복하게 생각하고 있다. 이슬은 지구 표면에 놓여 있는 에너지들이 하나의 작은 본체로 형성된다. 풀잎 또는 나뭇잎에 맺혀 있는 이슬들은 고요히 비고 밝고 맑아 영롱한 구슬처럼 모습을 하고 있다. 인간이 자연물들과 공존하고자 할 때는 마음을 영롱한 구슬처럼 만들어야 비로소 하나의 본체라고 할 수 있을 것이다.

• **행법**

① 개인적으로 편안한 복장을 하고 아침 일찍 숲 속을 걸어 본다.

② 숲을 선택할 때는 혼유림(침엽수와 활엽수가 섞여 있는 곳)이 많은 곳을 선택하는 것이 수련에 도움이 된다.

③ 농촌 들녘에서는 여름철은 아침 6시부터 관찰이 가능하고, 숲 속에서 관찰을 할 때는 아침 9~10시 사이에 실행하는 것이 수련하는데 도움을 준다.

④ 침엽수와 활엽수에 맺혀 있는 이슬을 각각 다른 관점에서 관찰하게 되면 서로 다른 이슬방울들이 하나의 지점으로 모이는 것을 발견하게 된다.

⑤ 그중에서도 활엽수의 잎 위에서 이슬방울이 구르는 모습을 보게 되

면 안과 밖에 모든 것이 하나의 본체로 형성되는 과정을 학습하면서 수련을 하는 기회가 주어진다.

(10) 마음과 경계를 온전히 작용으로 삼는 명상 (공기 방울)

안과 밖을 온전히 작용으로 삼는 것, 참이 담겨 있는 마음을 미묘한 작용이라고 보는 것, 인생 60세를 맞이하게 되면 삶이 공허하다는 것을 느끼게 된다. 즉 말해서 삶이란 안과 밖이 온전히 하나로 작용을 한다는 것을 깨닫게 된다는 의미이다. 인공적으로 만들어진 비누 성분의 공기 방울과 비 오는 날 솔잎 끝에서 자연스럽게 만들어진 물방울의 공간을 들여다보면 비움과 채움에 관한 논리를 전개해 준다. 공간적인 구조는 서로 다르다고 볼 수 있으나 물질적인 구조는 하나의 결합체로 작용을 하고 있는 것을 관찰할 수가 있다. 그러므로 마음은 곧 공기 방울과 같은 작용으로 생체에서 활동을 한다는 것이다.

● 행법

① 실행하기 좋은 공간은 야외 쉼터가 적당하며, 쉼터 옆에 소나무나 잣나무 등이 있으면 좋고, 날씨도 비 오는 날을 선택해서 명상을 실행하는데 자세는 좌정을 하거나 서서 하거나 자유롭게 선택한다.

② 비눗방울을 만들어서 공중으로 띄운다. 공기 방울이 물방울과 만나는 과정을 관찰하게 된다.

③ 공기 방울이 솔잎 끝에 맺힌 물방울과 결합하면서 공기 방울은 사라지고 물방울만 솔잎 끝에 매달리게 되는데, 이때 영롱한 구슬 합성 작용이 이루어진다.

④ 솔잎을 30~50개 정도 손에 잡고 물과 비눗물을 적신 후에 손을 높이 들어서 좌우로 흔들어준다.

(11) 본체가 곧 작용이라는 명상 (벌집)

본체가 가만히 합하여 하나로 비어 고요하나, 그 가운데 안으로는 큰 밝음이 숨어 있으니, 이것이 본체가 곧 작용인 것을 말한다. 인간은 저마다의 개성적인 그릇을 소유하고 있으며 빈 그릇을 채우려고 하루하루를 열심히 살아가고 있다. 연구실 앞 처마에는 축구공 3개 정도 크기의 말벌집이 1개 있는데 벌집 외관 모습이 꼭 작은 항아리를 닮은 것 같다. 항아리 벌집 구성체는 가만히 합하여 고요하나, 안으로는 벌들이 열심히 활동을 하고 있으니 항아리 벌집의 본체가 곧 작용을 실행하고 있는 것이라고 생각한다.

● 행법

① 말벌집이 바라보이는 곳에 자리를 잡고 좌정한다.

② 눈은 뜨거나 감은 상태에서 이동 경로를 탐색하고 벌이 꽃과 벌집 사이를 몇 회 왕래하는지를 관찰하면서 자신의 근면성 정도를 점검해본다.

③ 자신의 그릇을 본체로 인식하고 그릇에 담고자 하는 달콤한 물질을 차근차근 담아보는 수련을 한다.

(12) 본체와 작용을 벗어나는 명상(공기의 맛)

안과 밖을 나누지 않고 사방팔방을 나누지 않는다. 다만, 본체와 작용을 둘로 나누지 않고 하나로 본다. 인간은 공기가 없는 곳에서는 살 수가 없으며 누구나 자유롭게 마실 수 있는 권리가 있다. 공기는 물과 같아서 칼로 자를 수도 손으로 잡을 수도 없다. 그러므로 자신을 중심으로 해서 안과 밖을 나누지 않고 사방팔방을 나누지 않으며 본체와 작용은 하나라고 본다.

● 행법

① 겨울에는 양지바른 곳에서, 여름에는 숲 속에서 편안한 자세로 좌정한다.

② 명상을 실행하는 공간 주변에 놓인 자연물들을 인지하고 마음을 집중시켜 명상의 소재(멘토)로 선택한다.

③ 나무나, 돌이나, 꽃이나 자신이 원하는 사물 한 가지를 선정한 후에 소통의 기법으로 복식호흡을 유연하게 실행하면서 사물들과 교감하는 시간을 갖는다.

④ 이 순간 신선한 공기와 자유를 만끽하면서 가슴으로 행복을 맞이해 본다.

⑤ 교감을 할 때는 자연물들과 스킨십을 하면서 그 에너지의 감성을 교감하는 수련을 한다.

3

휴선 아침 명상 심화 수련

아침 명상 수련 기초 과정을 마치고 심화 수련 과정을 실행하고자 하는 사람들에게 도움을 주는 실행 방법이다. 현장의 상황에 따라서 정해진 순서 없이 자신이 필요한 기법을 선택해서 활용해도 된다.

(1) 심화 수련 방법

① 수련을 시작하기 전에 아랫배 깊숙이까지 심호흡을 3~4회 정도 실시하면서 온몸을 평안하게 정리한다.

② 온몸을 부위별로 가볍게 움직이며 긴장을 풀어준다. 눈, 얼굴, 머리, 양 어깨, 팔, 허리, 엉덩이, 허벅지, 다리, 발 등의 부위를 구체적으로 지적하며 이완시켜 준다.

③ 몸 전체를 유연하게 풀어준 다음 정신 집중 의식을 기르기 위해 눈은 감은 채로 정면을 향해 응시한다.

④ 이때 시야에는 어둠침침한 가운데에서도 여러 가지 빛이 느낄 수

있지만 공간에서 나타나는 현상적인 빛보다는 스스로의 의지에 의해 만드는 빛에 의식을 집중한다.

⑤ 명상의 입명

일단 고요하고 밝은 느낌으로 눈을 감고 시야를 관조하는 상태를 명상의 입명(入明)이라고 한다.

⑥ 명상 수련

명상에 입명된 의식으로 정신을 집중하고 여러 가지 행위를 실행하는 것을 말한다.

- 먼저 눈앞에 크고 둥근 원 모양을 하나의 빛으로 감정에 저장한다.
- 빛이 원 모양으로 찬란해지지 않더라도 어느 정도는 새겨지는데, 전혀 안 새겨지는 사람은 기(氣)가 부족하거나 수련이 부족해서 그런 현상이 생긴다.

⑦ 형태 새기기

명상 수련에서 초기에 빛의 배양을 급진전적으로 이룩하는 수련법으로 명상 시야에 형태를 새기는 방법이다.

- 요령은 날숨(휴)을 할 때 새길 모양을 결정하고, 들숨(선)을 할 때 정신 집중을 하면서 모양에서 형태로 만들어가는 방식이다.
- 숫자 새기기: 100에서 1까지 숫자를 새긴다.
- 모양 새기기: ○ □ △ 등의 모양을 차례로 새긴다.
- 생물체 새기기: 살아 있는 식물이나, 생물이나, 사람을 새긴다.

⑧ 명상으로부터 출정: 일단 명상 수련을 마치고 현재 의식으로 돌아올 때는 언제나 "휴~선"하면서 기분 좋게 눈을 뜨고 출정(出靜)한다.

⑩ 아침 명상을 수련할 때 초보자는 특히 불이 켜진 밝은 곳에서 실행하는 것이 좋다. 사람의 생각은 집착할 때 강한 에너지가 되므로 어둠 속에서 환상이나 공상에 집착하면 잡생각으로 가득할 수 있기 때문이다.

⑪ 아침 명상 수련 과정은 즐겁고 긍정적인 생각으로 접근을 해야 자신이 원하는 것을 얻음과 동시에 수련을 통해서 효과를 볼 수 있다.

휴선 아침 명상 실행 자세

(2) 원 순환 생활의 명상 이야기

① 기상할 때

아침에 기상할 때에는 정체된 온몸의 기능이 활동적인 준비를 하기 위해 가볍게 기지개를 펴고 온몸을 좌우로 몇 번쯤 약간 굴리면서 움직여 본 후 고요하게 일어나 눈을 감은 채로 제자리에 앉는다.

일어나서 좌정하고 앉으면 그때부터 눈을 감은 채로 양손과 양발을 돌리거나 가벼운 동작을 하면서 건강 상태를 점검한다.

아침 기상 시에는 무리한 운동이 맞지 않으니 가벼운 기지개 켜기, 양팔, 다리, 허리, 어깨, 머리 등을 적당히 벌리거나 골고루 비틀어준다. 특히 양손을 적당히 비벼서 얼굴과 아픈 부위를 문지르거나 마사지해 주는데, 이때 눈은 뜨지 말고 감은 채로 온몸의 기운을 느낌으로 느껴 본다.

② 식사할 때

음식을 먹을 때는 짐승처럼 본능으로만 먹어서는 안 될 것이다. 건강상태를 골고루 살피며 몸에 좋고 음식 맛이 없어도 꼭 필요한 것을 섭취하는 이성적인 선택이 중요하며, 본능적으로 좋아하는 음식을 골고루 음미하는 방식도 좋은 식사습관이라고 할 수 있다.

음식 섭생에 있어서 자연 건강식, 생식, 소식, 단식 등의 방법도 좋겠지만 무엇보다도 자기 자신에게 맞는 음식 섭생법이 중요하며, 명상에 입명한 상태에서 음식의 맛을 음미하는 생활습관이 매우 바람직하다.

식사할 때는 음식을 빨리 먹지 말고 일단 음식을 선택해서 입안에 넣으면 눈을 감고 다소 빠르거나 느리게 씹되, 깊이 있게 그 맛과 향기를 음미하면서 신체의 변화와 반응을 감성으로 느껴 본다.

③ 보행할 때

보행 명상법을 실행하려면 우선 발걸음의 구조적 현상을 이해해야 한다. 명상 수련을 위한 보행 기법은 육상경기에서 경보를 할 때 보행하는 방법과 같다고 생각하면 된다. 또한, 속도는 자신의 호흡에 맞추어서 실행하며 왼발이 전진하고 오른발이 전진을 할 때 두 발이 동시에 땅에서 떨어지면 안 된다. (보행 명상 수련은 황톳길에서 맨발로 실행하는 것이 좋다.)

단순한 걸음걸이에서 그 사람의 마음에 표정을 느낄 수 있다. 화나고 분한 노기에 가득찬 사람의 걸음걸이는 다소 거칠고 투쟁적이며 보폭과 리듬이 매우 불규칙하게 보행을 한다. 반면에 행복한 기분이 넘치는 걸음은 보폭이 일정하면서 경쾌한 기운이 보인다.

④ 우울할 때

숲 속에서 실행을 해본다. 날숨(烋)을 실행할 때는 내면에 담겨 있던 잡념들을 담아서 토해낸다. 그리고 들숨(仚)을 실행할 때는 천연의 공기를 풍부하게 마시면서 천천히 세포까지 유도하도록 하면서, 고요히 눈을 감고 밝은 미소를 지으며, 머리 위에 밝은 태양을 떠올려 본다.

그리고 온화하고 밝은 태양의 빛이 머리를 통하여 온몸으로 쏟아져 들어와 내 몸과 마음을 따뜻하게 해준다는 느낌을 받아본다. 그러면 그 순간 행복에 의미를 감성으로 느끼게 된다. 실행 공간은 실내 또는 실외 모두에서 가능하며 복식호흡을 6~12회 정도 반복해서 실행한다.

⑤ 스트레스 받을 때

입을 살짝 벌리고 날숨(烋)의 자세를 취하고 아랫배에 담겨 있던 잔류가스를 천천히 토해낸다. 이어서 들숨(仚)의 자세로 변환해서 편안하게 신선한 공기를 천천히 흡입한다. 스트레스 해소 기법은 가능하면 숲 속에서 실행하는 것이 좋으며 복식호흡 6회 이상 반복해서 실행한다.

실행을 하면서 내면에 담겨 있던 울화가 가슴에서 손끝과 발끝과 모공을 통해서 다 흘러나간다고 상상한다. 내 가슴이 푸른 하늘처럼 텅 비워지고 활짝 열려져서 가슴이 시원해졌다고 상상한다. 내 몸도 마음도 맑고 깨끗하게 정화되어 푸른 하늘의 흰 구름처럼 가벼운 느낌 속에서 행복한 미소를 지으며 편안하게 쉬어본다

⑥ 근심과 걱정이 있을 때 / 불안하고 초조할 때

코로 숨이 나가고 들어오는 것을 편안하게 느껴 본다. 가슴이 답답하면 입을 약간 벌리고 숨을 천천히 내쉬어 본다. 실내나 실외에서 복식호흡을 6회 정도 반복적으로 실행한다. 그리고 아이가 엄마 품에 안겨 있는 모습을 상상한다.

지금 이 순간 내가 아기가 되어 엄마(대자연)의 품속에 안겨 있다고 상상하면서 편안함을 느껴 본다. 아기가 엄마에게 모든 것을 맡기듯이 대자연에 자신을 맡기고 편안히 쉬어본다.

⑦ 화날 때

눈을 감고 양손을 포개서 가슴에서 아랫배까지 천천히 부드럽게 쓸어내린다. 실행은 6~9회 반복한다. 양손을 옆구리에 대고 위에서 아래로 천천히 부드럽게 쓸어내린다. 쓸어내릴 때는 손바닥이 몸에 닿는 것을 느껴 본다. 6회 정도 반복적으로 실행한다.

날숨(怵)을 쉴 때 화에 근원을 담아서 천천히 토해낸다. 그리고 들숨(仚)을 통해서 신선한 기운을 편안하게 마신다. 가급적이면 숲 속에서 복식호흡을 6회 이상 실행하면 도움이 된다.

4

휴선 무(舞) 12기법

새처럼 날개를 달고 푸른 하늘을 훨훨 날아보자. 일상생활 속에서 발생이 되는 스트레스를 자신 스스로 운동하면서 가볍게 풀 수 있는 기회를 만들어 보고자 한다. 춤이란 마음을 유연하게 해주며 몸은 건강하고 아름다운 곡선미를 만들어 준다. 또한, 춤 속에는 리듬을 동반하는데 리듬의 사이클 속에는 세로토닌이라는 호르몬을 촉진시켜 사람들을 행복하게 만들어주는 마력이 담겨 있다.

그렇다면 왜? 명상은 휴선 무(舞)를 창안하게 되었는가. 한국인에게 맞는 정신이 융합된 근육 운동 기법이 필요했기 때문이다. 그러면 일상생활에서 휴선 무(舞)는 사람들에게 어떤 영향을 주는가. 휴선 무(舞)를 수련하게 되면 근육 이완 운동을 통한 스트레스 예방 및 면역력을 증강시켜서 생활에서 윤활유 같은 작용을 해준다. 또한, 휴선 무(舞)는 휴선 요가로 이어지고 휴선 요가는 휴식 문화와 정신문화와 근육 이완 문화를 조화롭게 융합시킨 자연 건강 운동 요법이다.

(1) 1번 태산 자세

태산은 사람의 몸체보다는 크고 사람의 마음보다는 작다. 그렇다 아무리 큰 태산이라도 하늘 아래 있고 인간이 꾸는 꿈보다는 작다는 의미가 담겨 있으며, 자신의 몸체를 거대한 산처럼 안정감을 유지하고 근육 이완과 혈관의 힘을 동시에 느끼는 감각으로 실행을 해본다.

● 행법

① 두 발을 11자 직선으로 가지런히 놓는다. 두 발바닥에 고른 체중을 유지하는데 발바닥의 네 지점에 동일한 무게를 싣고, 발가락을 부채처럼 넓게 펴고, 발바닥 아치를 만들어 살짝 끌어당겨 준다. 무릎 중앙과 2번 발가락을 일직선으로 유지한다.

② 허벅지 앞면 근육을 뒤로 밀어내면서 허벅지 근육을 들어 올려 준다. 동시에 꼬리뼈를 아래로 내려준다.

③ 어깨는 뒤로 열고 아래로 내려준다. 동시에 배꼽을 당겨 척추를 길게 늘여준다.

④ 머리(뒤통수)가 마치 투명 벽에 기댔다는 느낌으로 뒤로 보낸다.

● 자세를 취할 때 유의할 포인트

– 두 발바닥의 엄지발가락 아래, 새끼발가락, 뒤꿈치에 균등하게 힘을 싣는다. (발바닥 중앙에 아치를 형성해 위로 리프팅하듯 끌어올린다.)

– 허벅지의 무게 중심을 앞쪽으로 보내는 것이 아니라 뒤쪽 위 방향으로 끌어올려 준다. 동시에 꼬리뼈를 길게 뒤꿈치 아래로 내려준다.

– 반드시 배꼽을 몸쪽으로 밀착시켜 당겨준다.

- 어깨는 부드럽게 큰 원을 그리듯 위로, 아래로, 안으로(날개뼈의 움직임) 가져간다.
- 머리는 시선을 뒤로 멀리 본다고 생각하면서 뒤로 길게 밀어낸다.

● 행법을 통한 효능 및 효과
- 올바른 자세를 깨닫게 된다.
- 몸에 대한 인식하기와 관찰하는 힘을 길러준다.
- 안정된 호흡을 찾게 된다.

● 자연 건강 치유적 관점
- 평발 교정, 휜 다리 교정
- 척추 전신의 안정화

● 평발 교정
　엄지발가락에 부착하는 장무지굴근, 나머지 발가락에 부착하는 장지굴근과 발바닥 내측 설상골에 부착하는 후경골근은 족궁을 만들고 지지하는 근육들이다. 양 발가락에 힘을 균등하게 주어 몸 전체에 균형을 유지하는 자세는 이들 근육을 강화하고 족궁이 무너져가는 진행성 평발을 관리하는데 매우 좋은 자세이다.

● 척추 전신의 안정화
　이 심부근막의 중심 구조는 각 척추 간 관절을 연결하고 안정화를 시켜 균형을 유지하는데 매우 예민하게 작용한다. 특히, 골반과 척추 중심을 바로잡아 안정성을 확보시켜 준다. 척추 중심의 안정화는 정교하고 세밀

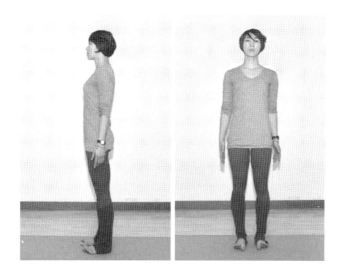

한 움직임을 만들어내며 갑작스런 움직임 때 일어날 수 있는 부상을 예방해 준다. 또한, 정교하고 세밀한 움직임은 관절 주위의 조직에 마모를 예방하고 혈액순환을 증가시켜 퇴행성으로부터 변화 및 진행을 예방할 수 있다.

(2) 2번 기다림 자세 (가슴 열기, 맑은 공기 마시기)

우주의 공간은 넓고 지구라는 행성은 크다. 지구 표면의 공간에는 맑은 공기, 맑은 물, 맑은 숲 등이 존재하므로 많은 동식물들이 공생하면서 존재하고 있다. 생명이 존재하기 위해서는 맑고 신선한 산소 공급이 절대적으로 필요한 부분이다. 그러므로 신선한 산소를 풍부하게 마실 수 있는 운동을 실행함으로써 생활에서 활력을 찾을 수 있게 된다.

● 행법

① 두 발을 가지런히 모아 놓는다.

② 차렷 자세에서 들숨에 두 손은 가슴 앞에 합장 자세를 취하고, 날숨에 두 손을 하늘 방향으로 뻗는다.

③ 이어서 들숨에 양 손바닥은 펴고 옆으로 벌려 가슴을 확장하면서 원을 크게 그리면서 차렷 자세로 돌아온다.

④ 이어서 날숨에 두 손은 가슴으로 모아준다.

● 자세를 취할 때 유의할 포인트

- 가슴을 넓게 벌려 맑은 공기를 온몸으로 마실 때 허리를 꺾지 않는다.
- 허벅지에 힘을 주고 가슴(명치)만 들어 올리도록 한다.

● 행법을 통한 효능 및 효과

- 가슴을 확장시켜줌으로써 많은 양의 신선한 공기(테르펜)를 유입시켜주는 작용을 한다.
- 늑간 사이 근육을 움직여 혈액순환을 증가시켜 준다.
- 숲 속에서 실행하면 피톤치드 흡기와 함께 삼림욕과 같은 효과를 준다.
- 충분한 산소 공급으로 몸 전체가 상쾌해져서 순간 행복의 감정을 느끼게 한다.

● 자연 건강 치유의 관점

- 다량의 산소 유입
- 신선한 산소가 다량으로 유입됨으로써 우리 인체에 불필요한 물질을 신속하게 제거하고 산소와 함께 공급된 포도당은 호흡의 흐름을 통

해 세포에 영양을 공급한다.

- 횡격막의 움직임을 살려 횡격막 상·하 운동을 통해 장기 마사지로 장기 기능을 개선시킨다.
- 복강과 흉강을 분리시켜 복강과 흉강의 압력을 만들어 호흡 및 정맥, 림프 순환을 촉진시킨다.

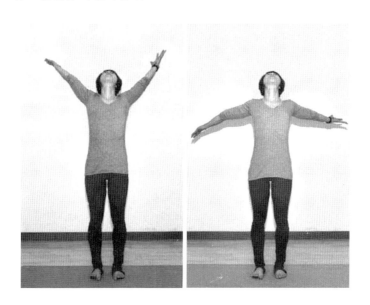

(3) 3번 마아목 자세 (균형, 관절)

나무는 균형에 의미를 가르치는 스승과 같다. 참된 삶이란 일상생활에서 균형 잡힌 생활을 말한다. 이 때문에 인간은 항상 균형을 유지하기 위해서 감각적인 수련이 필요하다. 또 이 운동 기법은 관절을 많이 사용되며 관절에 좋은 약이 되는 나무를 멘토로 선택한다. 마아목(馬牙木)이라는 이름은 봄에 새싹이 돋을 때 새순이 말의 이빨처럼 힘차게 솟아오른다고 해서 마아목이라고 부르게 되었다. 이 순간에도 마아목은 내면적으로 균형 유지와 약성이 담긴 에너지원을 생산하기 위해 많은 노력을 하고 있다. 자신에게 편리한 자세를 취하면서 행법을 실행해 본다.

● 행법
① 두 발을 가지런히 모아준다. 두 손은 골반 위로 올려준다.
② 들이쉬는 숨에 오른발을 90도로 들어 올려주고, 두 손은 가슴 앞에 합장한다.
③ 내쉬는 숨에 오른발 바닥에 내려준다.

● 자세 취할 때의 유의할 포인트
– 네 발 포인트에 균등하게 힘을 준다.
– 두 발을 동시에 1번 발가락을 안으로 회전시켜 준다.
– 뒤꿈치를 위로 리프팅시켜 들어 올려준다.
– 배꼽을 척추 등 쪽으로 끌어당겨 올려준다.

● 행법을 통한 효능 및 효과
– 하체를 강화시켜 준다.
– 골반을 열어 골반 순환을 돕는다.
– 발바닥 근육을 강화시켜 발목과 발바닥을 강화시켜 준다.
– 엉덩이 근육 중 중심을 잡아주는 골반 안정성 근육인 중둔근을 강화시켜 준다.
– 집중력을 향상시켜 준다.

● 자연 건강 치유의 관점

– 골반의 유연성 증가로 허리 통증 개선

– 허벅지 외측에 위치하는 둔근, 대퇴근, 막장근, 외측광근을 강화시켜 퇴행성으로 오는 무릎 질환 예방

– 한쪽 하지로 체중을 지탱할 때 반대쪽 골반이 처지지 않도록 골반의 처짐을 막아주며, 골반의 좌우 편위 및 체간 근육의 불균형을 방지해서 골반을 안정시키는 중둔근을 강화시켜 준다.

(4) 4번 독수리 자세 (정신 집중)

마아목 자세에 이어서 실행되는 자세로 난이도가 조금 높은 편이다. 힘과 정신이 고르게 이용이 되는 기법으로 초보자가 실행하기에는 조금 어려운 점이 있다. 이 기법을 수련하는 순간 자신이 한 마리의 새가 되어 하늘을 날아가는 기분이 들어 매우 행복감을 느끼는 동작이다. 그 때문에 스트레스 해소 및 삶의 의욕을 높여 주는 기회가 되기도 한다. 실행을

할 때는 관절에 무리를 주지 않도록 유념해야 하며 생활에 자신감을 얻는다는 생각으로 행법을 실행해야 한다.

● 행법
① 들이쉬는 숨에 오른쪽 발을 90도로 구부리면서 두 손은 가슴 앞에 합장한다.
② 내쉬는 숨에 왼쪽 무릎을 살짝 구려서 상체 앞으로 숙여 준다.
③ 들이쉬는 숨에 양팔을 넓게 펼쳐서 새가 날개를 활짝 펼치는 모습을 연출한다.
④ 내쉬는 숨에 두 손은 가슴 앞으로 합장한다.
⑤ 발을 반대 방향으로 바꾸어서 연속으로 실행한다.

● 자세를 취할 때 유의할 포인트
– 네 발 포인트에 균등하게 힘을 준다.
– 두 발을 동시에 1번 발가락을 안으로 회전시켜 준다.
– 뒤꿈치를 위로 리프팅시켜 들어 올려준다.
– 배꼽을 척추 등 쪽으로 끌어당겨 올려준다.

● 행법을 통한 효능 및 효과
– 하체를 강화시켜 준다.
– 발바닥 근육을 강화시켜 발목과 발바닥을 강화시켜 준다.
– 엉덩이 근육 중 중심을 잡아주는 골반 안정성 근육인 중둔근을 강화시켜 준다.
– 심부근육을 강화시켜 척추 중심의 안정근을 강화시켜 준다.

– 집중력을 향상시켜 준다.

● 자연 건강 치유의 관점
– 발목 염좌, 발목 삠 예방
– 한 발 균형을 잡아주는 동작을 통해 발목의 균형을 조절에 주는 비골
  근을 강화시켜 준다.
– 자세 균형과 같은 작은 교정은 발목 관절(ankle joint)이 중심적인 역
  할을 하게 된다.
– 비골근의 가장 중요한 기능은 근육 자체의 근력이나 근력의 약화보
  다는 근육의 조절과 균형의 소실이다. 즉 비골근은 전체적인 동작을
  조절한다고 볼 수 있다.

● 골반과 무릎 안정화
– 인체의 외측 라인을 강화하여 골반과 무릎을 안정시켜 준다.

(5) 5번 물푸레 자세 (척추 늘리기)

물푸레 자세의 운동은 산소를 전신으로 공급이 잘되도록 도와주고 팔과 허리에 유연성을 촉진해 주는 운동이다. 자연 속에서 자라는 물푸레나무는 뛰어난 유연성을 간직하고 있다. 그러므로 물푸레나무 속에 담겨 있는 생리적인 기능을 운동 요법으로 접목해 본다.

● 행법
① 두 발을 일직선으로 가지런히 모아 준다.
② 숨을 들숨에 두 손을 머리 위로 올려준다.
③ 숨을 날숨에 두 손이 마치 물 흐르듯이 내려주면서 상체를 숙여 내려준다.

● 자세를 취할 때 유의할 포인트
- 허벅지 후면이 타이트한 사람들은 상체를 숙일 때 무릎이 펴지지 않다. 이럴 땐 변형 자세로 무릎을 살짝 구부려 대퇴이두근이 강하게 당기는 느낌을 줄여주도록 한다.
- 두 발을 일직선으로 유지하되 네 발 포인트에 힘을 균등하게 준다.
- 종아리 안쪽을 강하게 조여주면서 2번 발가락과 무릎을 일직선으로 유지시켜 준다.

● 행법을 통한 효능 및 효과
- 척추 전체를 길게 늘여준다.
- 허벅지 뒤 후면 대퇴이두근을 늘여준다.
- 골반의 유연성을 향상시킨다.

– 뇌에 혈액을 공급해 혈액순환을 향상시킨다.
– 신경계를 이완해 차분하고 안정된 기분을 만들어 준다.

● 자연 건강 치유의 관점
– **척추기립근과 주변 근육 활성화**: 인체의 체성 영역을 지배하며 장기를 지배하고 담당하는 중추신경계인 척수와 척수신경, 그것을 싸고 있는 경막을 자극해 움직임을 활성화시켜 준다.
– **신장 기능 활성화**: 후복벽에 위치하는 신장은 흉추 12번~요추 3번에 위치하게 된다. 신장은 장요근과 요방형근의 막에 둘러싸여 있는데 신장이 위치하는 후면을 늘려주고 움직여줌으로써 신장 고유의 움직임을 활성화시켜 준다.

(6) 6번 폭포수 자세 (물 흐름)

5번 물푸레 자세를 통해서 유연성과 나무의 생리적인 원리를 익혔다면, 폭포의 자세는 우렁찬 소리와 함께 물이 흘러가듯이 유연성에 담긴 기능을 통해서 머리에서부터 발끝까지 근육을 이완시켜 주는 운동이다.

● 행법
① 오른발을 90도로 접어주고 마시는 숨에 두 손을 머리 위로 합장(엄지손가락 크로스)해 준다.
② 내쉬는 숨에 오른발 엄지발가락 방향으로 두 손을 아래로 깊게 다이빙하듯 내려간다.
③ 마시는 숨에 두 손을 합장해 들어 올리고 반대쪽 왼발 90도로 자연스럽게 돌려준다.
④ 내쉬는 숨에 두 손을 왼발 엄지발가락 방향을 향해 아래로 깊게 다이빙하듯 내려간다.

● 자세를 취할 때 유의할 포인트
- 무릎이 발가락보다 먼저 앞으로 나가지 않도록 주의한다.
- 모든 동작은 물이 흐르듯 천천히 진행되어야 한다.

● 행법을 통한 효능 및 효과
- 허벅지 근육을 강화시켜 준다.
- 허벅지 안쪽 근육을 스트레칭시켜 준다.
- 체온을 올려주고 전신 순환을 향상시켜 준다.
- 허벅지 안쪽 내전근, 골반, 어깨, 목의 유연성을 증가시켜 준다.

● 자연 건강 치유의 관점

골반의 유연성을 증가하여 허리 통증을 개선해 준다. 자세 유지근으로
는 장골과 천골, 골반을 연결하는 근육, 다리와 골반, 허리를 연결하는 근
육인 요방형근, 장요근, 기립근 등이 있다. 위의 근육들은 기능적으로 볼
때 자세 유지근으로 작용하고 있다. 그러므로 다리를 꼬고 앉는 사람들
의 나쁜 습관 자세는 장요근과 결합해서 작용되기 때문에 허리의 통증을
일으키는 원인이 될 수 있고, 고관절을 회전시켜 만성 고관절 장애에 원
인이 될 수 있다.

● 폭포수 자세의 기능

장기의 바닥을 형성하고 요추 추체관절과 장골, 대퇴골을 연결하는 근
육 장요근을 정상 기능으로 살려 요추 추체 사이의 압력을 증가시켜서
요추의 정상적인 만곡과 요추의 수직적 안정에 기여한다.

(7) 7번 담체 자세 (항아리를 품은 자세)

꿈과 희망을 가슴 안으로 품어 보는 자세이다. 담체 자세를 취할 때는 행복과 건강과 풍요로운 삶을 기원하는 마음가짐으로 실행하며, 자신에 소원을 빌고 꿈을 담는다는 생각으로 행법을 실행하면 좋은 일이 많이 생기게 된다.

● 행법
① 기마 자세를 하고 두 팔을 벌리고 항아리를 품은 자세를 취해서 우주의 기운을 담아 본다.
② 그 자세에서 180도 우측으로 돌리면서 왼쪽 발 뒤쪽을 바라본다.
③ 정면으로 원 위치를 한 다음 반대쪽 좌측으로 180도 각각 한 번씩 해준다.

● 자세를 취할 때 유의할 포인트
- 뒷발 뒤꿈치를 90도로 들어 올려준다.
- 배꼽을 몸쪽으로 끌어당겨 위로 올려준다.
- 척추를 위로 길게 늘여 준다.

● 행법을 통한 효능 및 효과
- 하체를 강화시켜 준다.
- 허벅지 안쪽 근육들을 강화시켜 준다.
- 몸통 근육의 복부근육 내복사근, 외복사근을 움직여 옆구리 비만에 효과적이다.
- 집중력을 향상시켜 준다.

• 자연 건강 치유의 관점

- 내·외복사근 강화: 복부 근육의 가장 중요한 기능은 복압을 증가시
  키고, 요추 굴곡 및 회전 시 움직임에 관여하게 된다. 복부 장기를 보
  호하고, 호흡과 관련하여 몸 전체의 혈액순환에 관여하는 것이다.

- 외복사근을 통해 어깨 움직임 개선: 외복사근의 단축은 몸을 반대쪽
  으로 회전시켜 같은 쪽의 어깨를 앞쪽으로 당겨 어깨뼈 견갑골과 척
  추 사이를 멀어지게 한다. 그렇게 되면 가슴 전면 앞쪽에 위치하는
  대흉근과 소흉근을 단축시키게 된다.

(8) 8번 호랑이 자세 (기운 열기)

몸속에 담겨 있는 에너지들을 수승하강(水昇下降)의 원리를 이용해서 균형과 조화를 이루는 운동이다. 하늘과 땅 사이의 대상물 속에서 호연지기의 마음으로 신선한 기운을 마시면서 기마 자세를 한다. 자신이 땅 위에 서 있고, 옆에는 나무들이 서 있고, 머리 위에는 푸른 하늘이 나를 바라보고 있으므로, 이 땅에서 자신이 존재하고 있는 의미와 존재 가치를 알아보는 기회로서 각각의 에너지들과 교감하는 과정이다.

● 행법
① 기마 자세에서 손바닥을 펼쳐서 두 팔을 앞으로 밀어낸다. (전방에 벽처럼 생긴 장애물이 있다고 생각한다.)
② 두 팔을 허리춤으로 원 위치해서 다시 옆으로 밀어낸다.
③ 두 팔을 허리춤으로 원 위치해서 다시 하늘 방향으로 밀어 올려준다.
④ 밀어 올려주다가 끝 부분에서 기마 자세를 풀고 만세 자세로 손털기 자세로 넘어간다.

● 자세를 취할 때 유의할 포인트
- 두 발의 포인트에 균등하게 힘이 들어가게 한다.
- 무릎이 발보다 앞으로 나오지 않도록 한다.
- 두 발의 안쪽을 강하게 힘을 모아 끌어올려 준다.
- 배꼽을 등 쪽으로 당긴다.

● 행법을 통한 효능 및 효과
- 팔과 하체를 강화시켜 준다.

– 허벅지 전면 안쪽 근육들을 강화시켜 준다.

– 집중력을 향상시켜 준다.

● 자연 건강 치유의 관점

– 대퇴 전면 근육 강화로 퇴행성 무릎질환 예방

(9) 9번 꽃송이 자세 (향기와 교감하기)

꽃향기를 가슴으로 맞이하면서 벌처럼 날아 보자. 우주의 공간을 힘차게 날아가는 자세를 취하고 신선한 산소 에너지(감동)를 풍부하게 마셔보자. 벌들은 1kg의 꿀을 생산하기 위해 꽃과 벌집 사이를 580만 번이나 왕복하며 날갯짓을 한다고 한다. 인간들이 배워야 할 부분은 근면과 생체 활성화 부분이다. 꽃향기를 통해서 잠자고 있는 세포들을 깨워준다는 기분으로 행법을 실행한다.

● 행법

① 두 발을 어깨너비만큼 벌려 준다.

② 허리를 앞으로 90도로 굽이고 두 팔을 앞으로 하고 두 손은 모아서 꽃 모양을 만든다.

③ 꽃을 만든 상태에서 허리를 천천히 좌우로 돌린다.

● 자세를 취할 때 유의할 포인트

－두 발 포인트에 균등하게 힘이 들어가게 한다.

－온몸 전신에 힘을 완전히 뺀다.

－허리를 좌우로 움직일 때는 벌이 날아가듯이 가볍게 움직여 준다.

● 행법을 통한 효능 및 효과

－복부 내장기의 움직임이 원활해진다.

－긴장된 허리의 근육을 풀어주고 유연하게 해준다.

(10) 10번 소나무 자세 (자존감 증대)

소나무의 기상을 통한 한국인의 자긍심을 심어주고, 홍송(紅松)의 장엄한 자세를 취하면서 녹색의 기운이 자신의 내면으로 흡수되게 하여 존재의 기쁨과 마음의 평화를 감성으로 느낄 수 있는 동작이다.

● 행법

① 두 다리는 어깨 넓이의 1.5배로 벌리고 두 팔은 어깨와 나란히 벌린다.

② 왼쪽 무릎은 90도 굽혀주고 오른쪽 다리는 길게 펴준다.

③ 그리고 두 팔은 대각선 방향으로 펼치면서 다리와 균형을 맞추어 준다.

④ 다음은 반대쪽으로 오른쪽 무릎을 90도 굽혀주고 왼쪽 다리를 길게 펴준다.

⑤ 좌측, 우측을 두 번씩 반복해서 실행한다.

● 자세를 취할 때 유의할 포인트

– 팔을 대각선으로 벌릴 때 시선은 높은 손끝을 바라본다.

– 두 다리 굽힘과 옆구리 펴기와 팔의 대각선 작용이 운동의 관건이다.

– 무릎과 발목이 일직선이 되게 하고 발바닥에 아치를 들어 올려준다.

– 허벅지 안쪽 근육을 안으로 모아 정중선으로 모아 준다.

● 행법을 통한 효능 및 효과

– 하체를 강화시켜 준다.

– 몸에 대한 안정감과 균형 감각을 익혀 준다.

- 체온을 높여 전신 순환을 향상시켜 준다.
- 다리, 복부, 어깨, 팔을 강화시켜 준다.
- 골반과 다리의 유연성을 증가시켜 준다.

● **자연 치유의 관점**
- 하지 순환장애 예방
- 허벅지 안쪽 근육인 내전근 근육의 만성적인 근긴장으로 하부 복부 근육인 하부복직근과 골반저 장기, 특히 비뇨기질환의 문제를 일으 킬 수 있다. 현대인들은 컴퓨터 문화로 인해 오래 앉아 있는 습관, 다 리를 꼬고 앉아 있는 습관으로 인해 하지의 동·정맥의 순환에 영향 을 미칠 수 있다. 소나무 자세를 통해 내전근 그룹을 열어 하지의 동 ·정맥 순환을 향상시켜 준다.

(11) 11번 자귀나무 자세 (행복감)

자귀나무는 부부의 금실을 좋게 한다는 의미가 담겨 있고, 자귀의 꽃은 낮에는 피었다가 밤에는 꽃이 지는 마치 나비가 날갯짓을 하는 모습과도 같으며, 분홍색의 자귀 꽃은 나비들이 많이 앉아 있는 형태와 같은 모습으로 보인다. 자귀나무 꽃을 생각하고 자신과 가정에 행복이 가득하길 기원하면서 동작을 실행해 본다.

● 행법

① 분홍색 나비가 자귀나무에 앉아서 호흡하는 자세를 취한다.

② 두 손은 가슴 앞에서 합장 자세를 취한다.

③ 손바닥은 편 상태로 가슴 넓이만큼 벌렸다가 다시 합장하는 동작을 4회 반복한다.

④ 이때 두 다리는 가슴 넓이만큼 벌리고 기마 자세 형태로 굽혔다 폈다를 ③번과 함께 반복한다.

⑤ 동작 후 ①번 태산 자세와 함께 합장을 하고 1분간 마음을 정리하는 동작을 한다.

● 자세를 취할 때 유의할 포인트

- 다리 굽히는 동작과 손바닥을 합장하는 동작이 리듬에 맞춰서 일치되게 움직여야 한다.
- 손뼉은 즐거운 마음으로 힘차게 치면서 마음으로 행복감을 느끼도록 한다.

● 행법을 통한 효능 및 효과
- 행복한 에너지를 얻는다.
- 몸과 마음의 편안함을 얻는다.
- 행복 호르몬이 자연스럽게 분비된다.

● 자연 건강 치유의 관점
- 몸과 마음이 일체되어 사랑의 기운을 담는다.
- 팔과 다리는 근육을 풀어주고 가슴은 폐호흡을 조율해 주는 기능이다.
- 안면 림프순환을 통한 안면 순환장애 예방
- 가슴의 편안하고 시원함

깊고 안정된 호흡은 가슴 전면 흉곽의 움직임은 살려주게 된다. 호흡을 통한 흉곽의 움직임은 흉곽 림프순환을 증가시켜 안면 림프순환 가슴의 편안함을 제공해 준다.

(12) 12번 선울림 자세 (진동을 통한 생체 교감)

이 동작은 전신을 울려주는 운동으로서 태양의 빛과 자신의 마음과 교감을 하는 과정으로 파동의 에너지가 세포로 접근하여 마음과 교감을 시켜주어 그 에너지(파동의 원리)를 통해서 몸 표면 세포들의 활동을 촉진시켜 주는 작용에 도움을 준다. 몸 표면 세포들의 기능을 잠에서 깨워준다는 생각을 하면서 행법을 실행한다.

● 행법
① 두 다리를 편안하게 벌려 준다
② 두 손바닥으로 손뼉을 3~5회 치고 머리, 가슴, 어깨, 허리, 엉덩이, 허벅지, 종아리 순으로 울려(안마를 하는 정도) 준다.
③ 눈을 뜨고 10초간 실행하고, 눈을 감고 10초간 실행한다.

● 자세를 취할 때 유의할 포인트
– 두 발의 포인트에 균등하게 힘이 들어가게 한다.
– 손에 힘을 뺀다.
– 생체에서 발생되는 오라(7가지의 기운)의 감각을 느끼도록 한다.

● 행법을 통한 효능 및 효과
– 피부를 자극해 전신 혈액순환을 증가시킨다.
– 복부 횡격막을 자극해서 복부 압력 변화를 이뤄 전신순환을 증가시킨다.

● 자연 건강 치유의 관점
- 피부를 자극해서 전신 혈액순환 증가
- 몸 전체 세포와의 교감하기

5

휴선 행복 100배(拜)

(1) 행복 100배 운동의 필요성

가족과 함께 행복을 100배로 즐겨보도록 하자. 가정생활에서 그리고 사회와 직장에서 행복 100배의 기능이 왜 필요할까? 행복100배는 몸 전체를 융합시킨 전신 운동이며 신개념의 명상 기법이기도 한다. 몸을 움직이지 않고 방치해 두면 육체는 점차 기능이 떨어지고 정신까지도 활동성이 약화되어 쇠약해진다. 예컨대 몸 일부분을 고정시켜 두면 그 부분은 48시간이 지나면 굳어져 기능을 제대로 하지 못하게 된다.

현대인들의 올바르지 못한 자세와 불균형은 호흡의 기능적 문제와 전신의 불균형을 초래하게 된다. 흉곽의 움직임이 잘 일어나려면 폐의 확장이 잘 일어나야 한다. 폐의 확장을 통해서 흉곽의 작용을 촉진하고 그 압력으로 복부의 움직임이 살아나면 횡격막이 상하로 움직여주는 호흡법으로서 횡격막에 의한 복부에 지속적인 마사지는 하지와 복부정맥이 폐로 원활하게 순환될 수 있도록 도움을 주게 된다.

좁은 공간에서 긴장하며 일하는 대부분의 현대인들은 대체로 운동이 부족하여 심장 기능이 저하되기 쉽고, 혈관의 탄성이나 근육 기능 그리고 폐활량 기능이 저하되어 노화가 촉진되고 저항력이 감소되며 중년 이후 성인병 발생의 원인이 되기도 한다. 이 때문에 요즘 전원생활을 하면서 건강을 지키는 방법론으로 절하기 운동을 많이 실행하고 있다.

(2) 예절(禮節)

예절의 형식은 생활방식, 사고방식, 사회 풍조에 따라 다르다. 법에 의해서 강제되는 행동 규칙과 집단에 의해 강제되는 행동 규범이 아니므로 예절은 강제되지 않으나 어길 경우 다른 구성원들로부터 소외당하게 된다. 절은 인사의 수단이며 생활 공간 속에서는 공경을 표하는 의식이다. 또한, 절은 존경의 표시로서 야성과 교만심을 없애고 허심과 겸허의 태도를 나타내는 것이다.

삶에서 절을 하는 문화는 주변에서 흔하게 접촉을 할 수 있다. 절은 사찰에서 행하는 의식뿐만 아니라, 설날 명절 때 어른들께 세배를 하거나, 결혼식 후 폐백장에서 부모님과 친척 어른들께 큰절을 하는 의식을 치르거나, 상조 때 절 의식을 행한다. 이 때문에 절 의식은 종교적인 의식이라는 편견을 벗어나 자신의 건강과 정신을 수련하는 수단으로 생활 속에서 실행을 했으면 하는 바람이다.

(3) 행복 100배를 위한 온몸 수련하기

휴선 행복 100배를 실행함에 있어 제1기법, 제2기법, 제3기법으로 나누어지며, 특성은 행법과 기능이 각각 다르게 실행된다는 점이다.

① 제1기법 수련 과정

실행할 때는 3배, 6배, 9배, 12배의 절하기를 기본으로 해서 30배, 60배, 90배, 100배의 수련을 기본 운동으로 한다. 30~100배의 수련은 현장 상황과 개개인의 역량에 맞추어서 실행하면 된다.

② 제2기법 수련 과정

실행할 때는 복식호흡과 근육 이완을 목적으로 동작하며 속도와 횟수에 관계없이 천천히 자기 체질에 맞춰가면서 운동한다.

③ 제3기법 수련 과정

실행할 때는 골반 자세와 척추 늘리기를 중심으로 동작을 하고 복식호흡을 실행하는데, 이때 날숨을 깊은 곳으로부터 토해낸다는 기분으로 운동한다. (참고로 실행할 때는 자신 스스로 횟수를 결정하고 실행하면 된다.)

④ 부부가 함께

아침에 잠자리에서 일어나 간단하게 준비 운동을 하고 부부가 서로 마주 보면서 온몸 절하기 6배를 실행한다. 이때 부부간의 예의로써 신뢰하며, 마음으로는 존경심을 담고 겉으로는 '감사합니다'를 소리 내서 표현한다.

- 실행
- 나는 당신을 사랑합니다.
- 오늘 하루도 건강하고 행복하세요.
- 나를 또는 가족을 위해 노고를 해주어서 감사합니다.
- 그리고 나는 당신을 존경합니다. 등의 소원을 담아본다.

⑤ 자녀들과 함께

아침에 잠자리에서 일어나 간단하게 준비 운동을 하고 가족 모두 원의 형태로 서로 바라보면서 온몸 절하기 6배를 실행한다. 이때 부모와 자식

간에 예절정신과 공경심을 유발해 상호 간의 인격을 존경하며 소통의 시간을 가져본다. 온몸 절하기 운동을 통해서 부모는 자식에게 사랑을, 자식은 부모에게 존경심과 소통의 기회를 제공함으로써 가족 간에 화목해지고 행복한 가정을 만들어가는 지름길이 된다.

● 실행

– 부모가 자녀 이름을 부르면서 '사랑한다'고 말을 해준다.

– 자녀들은 '부모님 사랑합니다'라고 동시에 복창을 한다.

– 부모가 자녀들에게 '오늘 하루도 건강하고 행복하게 지내라.'

– 자식이 부모님에게 '길러주어서 감사합니다, 건강하세요.'

(4) 장소는 어떤 환경이 좋을까?

① 평상시에는 집에서 운동하며, 가족과 함께 실행할 때는 거실에서, 부부가 실행할 때는 침실에서 실행하는 것이 바람직하다.

② 집에서 실행하는 것보다 가능하면 숲 속의 공간에서 실행하는 것이 더 효과가 있다.

③ 숲을 선택할 때는 침엽수가 많은 곳을 선택하며, 만약에 침엽수가 없으면 활엽수 또는 침엽수가 함께 있는 혼림(침엽수와 활엽수)에서 수련을 해도 좋다.

④ 하루 중에 오전 10시부터 오후 4시 사이에 수련하는 것이 좋다.

⑤ 보편적인 사람들은 나무로 만들어진 평상에서 수련을 많이 하고 있다.

⑥ 그러나 황토 흙바닥에서 수련을 하면 땅의 기운과 소통하는 효과를 보게 된다.

⑦ 여름에는 해변의 백사장에서 수련하면 호흡기 건강에 도움을 준다.

(5) 무엇을 향해 절을 해야 좋을까?

절을 할 때는 앞에 놓인 상징물을 보면서 실행하는 것이 일반적인 관례이다. 필자는 정자 옆에 있는 50년 된 홍송(소나무)을 바라보면서 절 운동을 한다. 도시의 아파트에서는 베란다에 있는 화초를 바라보면서 수련을 해도 좋고, 일반적인 가정에서 특별한 사물이 없을 경우에 단순한 창이나 벽면을 바라보는 것보다는 가족적인 주제를 정하는 것도 좋은 방법이 된다. 예컨대 가족 친지가 모두 담겨 있는 사진을 확대하여 앞에 두고 절을 하면 가정에 행복이 쌓이는 기회를 가져온다.

(6) 행복 100배 온몸 절하기 (제1 기법)

그러면 절 운동은 어떻게 실행하는 것이 좋을까? 현시점에서 절 운동을 하는 방법론은 정해진 매뉴얼이 없는 것 같다. 다만, 지역적으로 사람에 따라서 개성과 방식을 정하고 실행을 하고 있으나, 앞으로 과학적인 방법이 개발되었으면 하는 바람이다. 앞서서 실행하고 있는 선진 방법을 인용한다면, 절을 할 때는 오체투지의 예로써 두 무릎과 두 팔꿈치 그리고 이마를 땅에 대어 지극히 공경하는 마음으로 실행하는 방법이 매우 바람직하다고 말할 수 있을 것이다.

- 준비물
 - 절을 편리하게 할 수 있는 방석을 준비하는데 가급적이면 자신에게 맞춤형으로 준비한다.
 - 쿠션이 들어간 방석이 없을 경우에는 요가 메트를 준비해도 된다.

● 온몸 절하기 실행

① 몸은 척추를 바로 세우고 태산 자세를 취하며, 두 손은 가슴 앞으로 모아 합장한다. 3회 실행한다.

② 합장을 한 자세에서 복식호흡을 3회 실행하면서 마음을 평안하게 다스린다.

③ 마음이 평안하게 준비가 되면 두 무릎을 구부려 기마 자세를 지나 그대로 더 낮춰서 발가락을 꺾어 세워 무릎을 꿇은 자세가 되게 한다.

④ 숨을 내쉬며 상체를 앞으로 전진하여 앞 동작에서 꺾었던 발가락을 펴서 왼 발바닥 위에 오른발을 반쯤 겹쳐 포개어 놓으면서 두 손을 바닥에 짚어 네 발로 기는 자세가 되게 한다. (손을 바닥에 짚을 때는 왼손을 먼저 짚는 방식으로 한다.)

⑤ 숨을 최대로 내쉬면서 앞으로 나갔던 몸을 다시 뒤로 움직이며, 두 손은 바닥에 닿게 하고 상체를 완전히 낮춘다. 이때 이상적인 모습은 두 발꿈치 사이에 엉덩이는 꼭 끼워진 상태로 하고, 상체는 완전히 허벅지와 붙은 상태로 하며 이마가 바닥에 닿아야 한다.

⑥ ⑤의 동작이 끝나는 시점에서 5초간 정지시간을 가진다. 이때 골반과 척추의 수평 관계를 감으로 느껴보면서 스스로 교정하는 동작을 해본다.

⑦ 양손을 짚고 네 발 상태로 상체를 일으킨다. 이때 포개어 접었던 발가락은 다시 세워 자연스럽게 꺾어둔다. (상체를 일으킬 때는 왼손을 먼저 가슴으로 가져 온다.)

⑧ 호흡을 들숨으로 전환하면서 상체를 뒤로 당겨 무게 중심을 안전하게 유지하면서 바르게 합장하여 당겼던 상체의 탄력을 이용해 곧게 일어나 바로 선다. 여기까지가 절하기 1회를 실행하는 과정이다.

⑨ 처음부터 하루에 100회를 운동하는 것은 생체적으로 문제가 발생할 수 있다. 그러므로 30회, 50회, 70회 등으로 늘려나가는 것이 좋으며, 운

동의 횟수가 중요한 것이 아니고 절 동작을 할 때 바른 동작과 정심(正心)을 담아서 실행하는 것이 가장 중요하다.

⑩ 절 운동을 할 때 중요한 점은 다리 안쪽으로 이어진 박근에 힘이 들어가 하복부가 긴장되면서 횡격막이 회대로 내려와 하복부 단전에 힘이 들어가야 운동에 효과가 있다.

⑪ 절 운동을 할 때 손을 합장하는 것은 흐트러진 마음을 하나로 모아주는 역할을 하며, 상대에게 공경을 표현하는 예절을 수련하게 된다.

⑫ 도시의 가정에서 절 운동을 할 때는 창문을 열어놓고 실행하는 것이 좋으며, 가급적이면 야외에서 신선한 공기를 마시면서 절 운동을 실행하면 운동의 효과가 배가 된다.

● 온몸 절하기 호흡 조절 방법

① 호흡은 자신의 신체와 정신적 상황과 맞아야 한다. 예컨대 몸을 펼치면서 들숨을 하고 몸을 굴곡하면서 날숨을 한다.

② 절하는 동작에서 합장에서 기마 자세까지는 들숨으로 하고, 구부려서 절하는 동작은 날숨으로 하며, 다시 일어서는 동작에서는 들숨으로 한다. 즉 흡식이 두 번이고, 호식이 한 번이다.

③ 절 운동을 할 때 호흡의 기능을 살펴보면 들숨은 긴장 또는 준비를 하는 과정이고, 날숨은 긴장에서 이완이고 준비에서 실천과 완성을 의미한다. 그런데 처음 절하는 분들은 이러한 호흡에 맞춰서 하기란 쉽지 않으므로 처음부터 정식 호흡법에 연연할 필요가 없다. 수련 횟수와 시간 흐름에 따라서 점진적으로 익숙해진다.

● 온몸 절하기 기대 효과

① 정신이 맑아지고 다이어트에 효과가 있다.

② 절하는 동작은 하체 굴신 운동과 상체 굴곡 및 전신 운동, 그리고 폐활량 중대까지를 포함한 잘 짜인 전신 교정 운동이라고 생각된다.

③ 아침마다 절을 하면 혈액순환이 잘되고 장 운동과 배변이 촉진되는 것을 느낄 수 있다.

④ 취침 전에 행하는 절 운동은 하루 동안 쌓였던 피로와 정신적 혼란이 잘 정리되어 수면에 들면 바로 깊은 잠에 빠져들고 상쾌한 기분으로 잠에서 깨어난다.

⑤ 마음이 어지러운 사람이 절을 하고 나면 나쁜 마음에서 화가 일어나지 않고 어지러운 마음이 가라앉아 참다운 깨달음이 열리게 된다.

⑥ 신체적 활동으로 인해 신진대사가 활발해지며 건강이 좋아져 안정되고 평안한 생활을 할 수 있다.

⑦ 육체와 정신을 잠에서 깨우게 되어 타인과 선울림(공감대 형성)을 활성화할 수 있는 기반이 되어준다.

(7) 행복 100배 온몸 절하기 (제2 기법)

현대인들은 오랫동안 앉아 있고, 올바르지 못한 자세의 불균형은 척추의 기능적인 문제를 일으키게 된다. 그러므로 척추를 길게 늘려주는 자세를 통해 척추의 움직임을 개선하고 다양하게 발생되는 척추질환을 예방할 필요가 있다.

● 행 법
① 두 발을 골반 너비만큼 벌려준다.
② 두 손은 가슴 앞에 모아 합장한다.
③ 들숨을 하면서 양팔을 옆으로 넓게 벌려서 하늘 방향으로 올려준다.
④ 날숨을 하면서 무릎을 기마 자세로 구부리고, 두 손은 배꼽 앞으로 내려온다.
⑤ 들숨을 하면서 무릎을 낮게 구부린 상태로 두 손을 바닥에 가볍게 내려놓는다.
⑥ 날숨을 하면서 무릎을 굽힘과 동시에 상체를 앞으로 길게 늘여준다.
    (그 자세에서 5초간 정지하고 숨 고르기를 한다.)
⑦ 들숨을 하면서 상체를 세우고 두 손을 가슴 앞으로 가져온다.
⑧ 날숨을 하면서 합장한 상태에서 일어선다.
⑨ 1번 태산 자세로 원위치한다.

● 자세를 취할 때 유의할 포인트

– 실행을 할 때 호흡이 끊어지지 않도록 한다.

– 척추를 길게 늘여줄 때 어깨가 움츠러지지 않도록 한다.

– ⑤번을 실행할 때 왼손을 먼저 땅에 내려놓는다.

– ⑥번을 실행할 때 날숨을 깊은 곳으로부터 토해낸다.

(8) 행복 100배 온몸 절하기 (제3 기법)

몸 건강과 주어진 환경에 따라서 온몸 절하기를 할 수 없을 때 실행하는 방법이다. 무릎 절하기의 기본 자세는 무릎을 접은 상태로 앉아서 척추를 바로 세우고 턱은 당겨준다. 일명 무릎 명상 자세를 취하는 형태이다. 무릎 절하기의 운동 기법은 필자가 연구를 통해서 개발하였으며, 조석으로 실행하고 있다.

◦ 행법
① 무릎을 굽힌 자세에서 두 손을 앞에서 합장한다.
② 들숨을 하면서 두 손을 머리 위로 올려준다.
③ 날숨을 하면서 두 손을 앞으로 길게 늘여주면서 뻗어준다.
(그 자세에서 10초간 정지하면서 들숨과 날숨을 가볍게 교환해 준다.)
④ 들숨을 하면서 상체를 위로 올려준다
⑤ 날숨을 하면서 가슴 앞에서 합장하는데 이 과정이 1회이다.

◦ 자세를 취할 때 유의할 포인트
- 실행할 때 호흡이 끊어지지 않도록 한다.
- 두 팔을 위로 올렸을 때 어깨가 따라 올라가지 않도록 한다.
- 상체를 숙여 척추를 길게 늘여줄 때 어깨가 움츠러지지 않도록 한다.
- 자신의 나이와 근육 운동 상태를 살펴가면서 실행한다.
- 운동을 할 때는 마음의 여유를 가지고 천천히 복식호흡을 정식으로
  실행한다.

● 제3 기법의 호흡 조절 방법

① 무릎 명상 자세에서 복식호흡을 3회 실시한다.

② 절을 실행하면서 들숨을 1회 하고, 절을 한 상태에서 날숨을 길게 1회 한다.

③ 합장을 하고 무릎 명상 위치로 원위치하면서 들숨을 길게 한다.

④ 무릎 절하기의 포인트는 날숨과 들숨을 실행하는 기법에 있으며, 날숨을 실행할 때는 단(丹) 부분 아랫배에서부터 토해낸다는 기분으로 숨을 쉬어주고, 들숨을 할 때는 신선한 공기를 천천히 마시면서 세포로 전달해 준다는 기분으로 호흡을 조절해 주어야 한다.

⑤ 처음 실행하는 사람은 호흡 조절이 어려울 것이다. 시작을 하고 3~6개월을 꾸준히 실행하면 호흡 조절이 잘되며, 그 시기에 무릎 절하기에 대한 쾌감을 느끼게 될 것이다.

● 제2~3 기법의 행법을 통한 효능 및 효과

- 호흡 기법을 통한 전신의 혈액순환 증가
- 몸의 긴장과 편안함을 얻는다.
- 척추의 움직임 개선을 통해 척추질환 예방
- 척추 바로 세우기와 골반 교정에 도움을 준다.
- 몸과 마음이 자연과 소통하는 느낌을 체험하게 된다.

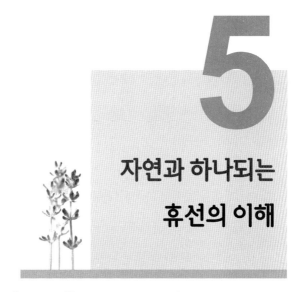

5

자연과 하나되는
휴선의 이해

Natural Happiness

1

휴선(烋仙)이란
(Natural Happiness)

(1) 휴선의 의미

- 烋(행복할 휴)와 仙(신선 선)을 결합한 신개념의 조어로서 인간이 자연과 하나 되어 몸과 마음의 건강을 도모하고, 삶의 질을 향상시키고자 하는 행동 양식을 휴선이라 한다.
- 신개념의 한국형 휴양 문화이며, 몸과 마음을 쉬면서 정신을 수양하여 자연과 하나 되는 행위이다.

(2) 휴선이 추구하는 가치

- Tree Happy는 자연 속에서 행복의 욕구를 몸으로 체험하고 담아보는 행위이며, 삶의 질을 향상시키고자 하는 목표를 담은 상징적인 용어이다.
- Tree는 생명체의 생리를 의미하고, Happy는 밝고 맑은 마음을 의미한다.

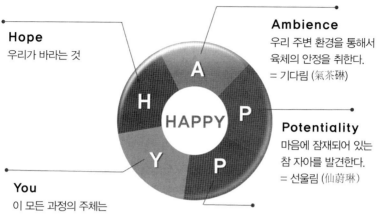

Hope
우리가 바라는 것

Ambience
우리 주변 환경을 통해서
육체의 안정을 취한다.
= 기다림 (氣茶砋)

Potentiality
마음에 잠재되어 있는
참 자아를 발견한다.
= 선울림 (仙蔚琳)

You
이 모든 과정의 주체는
당신인 바로 당신의 자아를
말한다.

Present
과거, 미래에 있지 아니하고, 모든
존재물의 현재에 집중하고 알아챔으로
인한 선물을 발견한다.
= 담체 (潭体)

2

휴선이 추구하는 행복

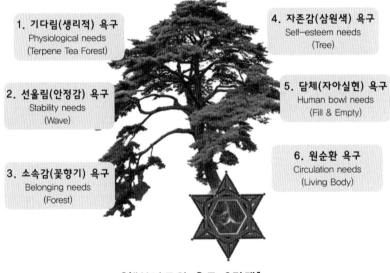

1. 기다림(생리적) 욕구
   Physiological needs
   (Terpene Tea Forest)

2. 선울림(안정감) 욕구
   Stability needs
   (Wave)

3. 소속감(꽃향기) 욕구
   Belonging needs
   (Forest)

4. 자존감(삼원색) 욕구
   Self-esteem needs
   (Tree)

5. 담체(자아실현) 욕구
   Human bowl needs
   (Fill & Empty)

6. 원순환 욕구
   Circulation needs
   (Living Body)

[행복나무의 욕구 6단계]

① 기다림(생리적) 욕구 Physiological needs (Terpene Tea Forest)	인간의 첫 번째 욕구의 단계로서, 가장 원시적으로 기본적인 욕구를 이루고자 하는 마음의 작용
② 선울림(안정감) 욕구 Stability needs (wave)	원하는 바를 얻음으로 인해서 정신적으로 안정을 이루고자 하는 단계
③ 소속감(꽃 향기) 욕구 Belonging needs (Forest)	관계에 대한 욕구로, 여러 관계 속에서 우위를 지니고자 하는 욕구
④ 자존감(삼원색) 욕구 Self-esteem needs (Tree)	인간의 실존적인 질문을 하게 되는 단계로, 욕구가 채워졌음에도 허전함과 외로움으로 방황하는 단계
⑤ 담체(자아실현) 욕구 Human bowl needs (Fill & Empty)	공허한 부분의 마음과 상처받은 마음을 채우고 비워 가고자 하는 욕구
⑥ 원 순환 욕구 Circulation needs (Living Body)	무한한 행복과 자유를 얻고자 하는 인간의 욕구로, 완전한 비움과 완전한 채움을 이루는 단계

3

휴선 3요소
기다림, 선울림, 담체

자연과 하나 되는 프로그램으로, 자연 자원과 천연 기능성 물질들을 인체에 유익하게 응용 접목시킨 콘텐츠 및 프로그램

(1) 기다림 (氣茶硃)
천연자원으로서 맑은 공기, 맑은 물, 맑은 숲, 광물질 등을 이용한 프로그램 (테르펜, 수액, 게르마늄)

(2) 선울림(仙蔚琳)
자연의 빛, 소리, 색채 등을 이용한 프로그램 (원적외선, 음이온 등)

(3) 담체(潭体)
인간은 자연의 일부라는 이치를 자신의 몸으로 체험하고 담아보는 일. 조화와 균형이라는 자연법칙을 따르는 체험 프로그램 (나무와 물)

기다림(氣茶琳)

맑은공기 氣	맑은물 茶	맑은숲 琳
• 테르펜(정유)	• 수 액	• 주거공간 광물질
• 소나무	• 산채류	• 산약초 뜸기욕장
• 근면	• 야생화 꽃차	• 자연 음식문화
• 잣나무	• 발효 효소차	• 게르마늄 산양삼

선울림(仙蔚琳)

파동 波動	진동 振動	감동 感動
• 원적외선/음이온	• 자연공간 소리	• 무지개
• 태양의 빛	• 생체리듬 조율	• 색상의 조화
• 식물 광합성작용	• 종소리	• 감성 인지학습
• 생체 온열작용	• 새소리	• 독창성 표현

담체(潭体)

정도 正道	균형 均衡	교류 交流
• Honeycomb	• Tree Cross.H	• Water Drop Rolling
• 정량	• 상하좌우 작용	• 의사소통
• 근면	• 비움과 채움	• 이념 이해
• 화합	• 건강한 조직	• 상생 교류

4

휴선 운동 사례

(1) 사단법인 휴선아카데미

- 한국형 휴양(치유) 산업을 위한 연구 개발
- 휴선 자원 콘텐츠 및 프로그램 개발
- 순회 강연 및 방송을 통한 휴선 문화 강좌
- 농·산·어촌 휴선 체험마을 기술지도 및 컨설팅
- 휴선지도사 육성
- 휴선 산업 해외 보급

(2) 휴선체험원 및 프로그램

- 한누리 휴선체험원
- 둥굴레휴선체험원
- 유기농휴선체험원
- 전통음식 휴선체험원
- 산머루 휴선체험원
- 샤론 휴선체험원
- 노아숲 휴선체험원
- 녹색 농촌 휴선체험원
- 도립 강원 숲체험장 휴선 프로그램
- 강원대학교 휴선지도사 과정
- 휴선 꽃차 마이스터 과정
- 휴선 전통 음식마이스터 과정
- 휴선 요가 마이스터 과정
- 성심대학교 휴선 꽃차 마이스터 과정

5

휴선의 목표

- 올바른 여가 생활 대안을 제시하여 건강한 삶, 행복한 가정과 건전한
  사회 창조에 기여
- 농·산·어·촌의 다양한 녹색 자원을 이용한 휴선 프로그램 개발과
  보급을 통하여 한국형 휴양 산업 창조
- 도·농 상생을 통한 농·산·어촌 활성화 도모
- 휴선 브랜드의 고부가가치화 및 지역 발전의 동력화를 위해 노력

6
휴선의 기대 효과

(1) 개인적인 효과

- 심신의 원기(元氣) 재충전 기회 부여
- 건강한 심신으로 삶의 질 향상
- 청소년의 감성지수 향상
- 행복하고 화목한 가정 지속

(2) 사회 공헌 효과

- 건전한 사회 환경 조성
- 국내 휴양관광 산업의 방향 제시
- 신개념 한국형 휴양 산업 발전으로 브랜드 정착화
- 휴양 관광 문화의 새로운 수요 창출
- 도·농 상생으로 농·산·어촌 경제 활성화 기여

6

실생활에 활용하는
휴선의 지혜

Natural Happiness

1
피톤치드(테르펜)의 이해

피톤치드(phytoncide)란 한마디로 말해서 산림 향 그 자체이다. 좀 더 구체적으로 말한다면 나무가 갖는 특유의 향이다. 그렇다면 수목은 무슨 이유로 피톤치드를 만들어 내는 것일까.

수목이 광합성을 행하는 것은 살아가는 데 필요한 활동으로써 인간이 식사하는 것과 마찬가지이다.

광합성은 태양의 빛 에너지를 이용하여 탄산가스와 물로부터 탄수화물을 만들고 산소를 방출한다. 또한, 수목은 2차적으로 피톤치드와 같은 성분을 만들어 낸다. 이 피톤치드가 수목 자신을 보호하는 다양한 역할을 하는 것이다. 기능으로는 다른 식물에 대한 생장 저해 작용, 곤충이나 동물로부터 줄기나 잎을 보호하기 위한 섭식 저해 작용, 곤충이나 미생물에 대하여 기피, 유인, 살충 작용을 하거나 병원균에 감염되지 않도록 살균 작용을 행하는 등 실제로 그 역할이 매우 다양하다.

토양에 뿌리를 내리고 살아가는 수목(식물)은 이동할 수가 없다. 그러므로 외부적으로부터 공격이나 자극을 받아도 피할 수가 없으므로 피톤치드를 만들어 그것을 발산함으로써 자신의 몸을 보호하는 것이다. 피톤치드는 자기 방어뿐만 아니라 공격 수단으로 사용되기도 한다.

호두나무나 아까시나무의 주변에는 잡초가 거의 돋아나지 않는데, 이것은 피톤치드가 다른 식물의 발아나 생장을 억제하는 역할을 하고 있기 때문이다. 또한, 초피나무나 유칼리나무 주변에서는 모기에 물리지 않는다. 이는 모기에 대한 기피성 피톤치드가 작용하기 때문이다. 실제 유칼리나무에는 시중에서 판매하는 모기 기피제보다 강력한 성분이 담겨있다. 이러한 역할을 갖는 피톤치드는 뿌리로부터 땅속으로 분비되거나 잎에서 공기 중에 방출되어 확산된다.

잎으로부터 휘산된 것은 지상에 낙하하여 땅속으로 침투하고, 축적되어 다른 식물에 영향을 미치게 된다. 피톤치드가 다른 생물에게는 공격적으로 작용하지만 인체에 대해서는 유익하며 우리 일상생활에 유용하다는 사실은 경험적으로 잘 알고 있다. 식물체 내에서 피톤치드가 하는 역할을 응용하여 그 기능성을 일상생활에 도입함으로써 다양한 효용을 얻을 수 있게 된다.

(1) 피톤치드가 주는 3가지 효과

① 쾌적감

삼림욕의 쾌적감은 누구나 알고 있는 사실이다. 자율신경의 안정에 효과적이며, 간 기능을 개선하거나 잠을 잘 자게 한다는 사실도 알려져 있다.

② 소취, 탈취

산림 내에 가면 악취의 원인이 되는 동물의 주검이나 썩은 나무 등이 있는데도 상쾌한 공기를 느낄 수 있다. 산림에는 공기를 정화하거나 악취를 없애는 기능이 있다. 이러한 소취 작용은 주변의 생활취에도 효과적이다.

③ 항균, 방충

식품의 방부, 살균을 비롯하여 방이나 욕실의 곰팡이, 집먼지, 진드기 등의 방충에도 효과적이다. 항균 작용은 인체를 좀먹는 병원균에도 유효하다. 인체에 안전한 천연물이므로 부작용의 염려가 없으며 온화하게 작용한다.

(2) 피톤치드의 활용

녹색과 생명력이 넘실대는 산림 속으로 들어서면 상쾌한 공기가 가득하고 조금만 걷고 있어도 풋풋한 내음을 맡을 수 있다. 이 삼림욕 효과를 주는 산람 향의 정체가 바로 피톤치드이다. 산림 식물, 주로 수목 자신이 만들어 발산하는 휘발성 물질로서 그 주성분은 테르펜(terpene)이라고 하는 유기화합물이다. 테르펜이 휘산되어 있는 대기에 인간이 접하는 것을 삼림욕이라 한다.

● 삼림욕장 만드는 방법

① 접근성이 용이한 해발 400~600m의 고도가 적절하며 소나무와 잣나무와 전나무 등이 많이 자라고 있는 곳을 선택한다. (산의 임상목이 침엽수와 활엽수 혼림의 지역도 좋은 조건이라고 할 수 있다.)

② 삼림욕장 길의 폭은 1.2m 정도가 적절하며 100m씩 구간으로 나누어서 건강 느낌의 장을 만들고, 지형과 임상목을 활용한 프로그램을 설정해서 피톤치드를 음미할 수 있도록 해준다.

③ 삼림욕장 길의 경사로는 10~15도 정도가 적절하며 노약자, 어린이

및 가능하다면 장애인들도 이용할 수 있는 공간이면 더욱더 좋다고 할 수 있다.

④ 주거 공간 및 체험장으로부터 가까운 곳으로 선택하고 1일 2회 이상 삼림욕을 체험할 수 있도록 한다.

생선 횟집에서 소나무 도마를 이용하는 것과 초밥집에서 화백잎 또는 벚나무잎 등을 사용하여 항균과 신선도를 유지시키는 것만으로도 실로 지혜로운 방법으로 안전하게 날것을 먹을 수 있도록 고안되어 있다는 사실을 알 수 있다. 현대 사회의 주방에서 사용되고 있는 도마(칼판)는 80% 이상이 화학물질을 이용해서 만들어진 도구이다. 자연 건강을 지키는 의미에서 도시의 주방에서도 테르펜 향기를 통한 산림 향을 체험해볼 기회를 만들어보자.

● 소나무 도마 만들기
① 우량의 소나무를 선택하고 나무의 결을 맞추어 판재로 제재를 한다.
② 가정용 기준 두께는 두께 3~4cm, 가로 50cm, 세로 25cm의 규격으로 절단한다.
③ 도마 표면에 샌딩 작업을 한다.

나한백으로 지은 집은 3년간 모기가 없다고 이야기한다. 집을 지을 때 이러한 나한백이나 편백, 소나무 등의 목재를 사용하는 것은 나무가 방출하는 피톤치드에 의해 집먼지진드기, 모기, 곰팡이 등의 접근을 막는 성분이 함유되어 있기 때문이다. 예를 들어 나한백에는 히노키티올(hinokitiol)

의 성분이 다량 함유되어 있으며 강한 항균성이 확인되고 있다.

● 나무 향의 테르펜류 (terpenoid)

테르펜류는 정유뿐만 아니라 천연수지, 천연고무에서 단리되는 화합물의 모체가 되는 화합물이며, $(C_5H_8)n$의 분자식을 갖는 쇄상 및 환상의 탄화수소로서 모체의 테르펜 탄화수소와 같은 탄소골격을 갖는 알코올, 알데하이드, 케톤 및 그 외의 유도체까지 포함하여 말한다.

● 테르펜 주거 공간 만들기

건축용 자재로서 테르펜 향기가 많이 나고 자연 건강 주택용으로 많이 사용되고 있는 소나무, 잣나무, 전나무, 낙엽송, 신탄나무, 왕골 등의 소재들이 있다. (상세한 내용은 건강방 만들기에서 소개하기로 하고 여기에서는 주거 공간의 형식만 나열한다.)

① 소나무를 이용한 황토 건강방 만들기

② 집 전체 통나무를 이용한 주거 공간 만들기

③ 소나무 잎 및 가지를 이용하여 천정과 벽체를 만들어 주고, 바닥에는 욕조를 만들어서 목욕 공간으로 활용한다. (반신욕, 족욕, 뜸욕)

④ 나뭇잎을 활용하여 사각형의 공간을 만들고 온도(22~24도)를 맞추어서 발효의 공간으로 활용한다. (청국장, 전통주, 메주 등)

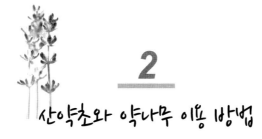

2

산약초와 약나무 이용 방법

　자연에 놓인 물질을 얻으려는 사람은 자연의 법칙을 익혀야 할 것이다. 산촌에서 살아가는 사람들은 맑은 공기와 맑은 물과 초목들의 에너지원을 자연으로부터 선물을 받는다.

　그렇다! 산과 들에는 사람들에게 유익한 나무가 많이 자라고 있으며 언제든지 사람들에게 편의를 제공해줄 자세를 갖추고 있다. 그러나 누구에게나 주지는 않는다. 다만, 자연 법칙을 익히고 생태 환경을 사랑하는 사람에게만 선물한다.

(1) 생강나무

　잎을 따거나 가지를 꺾어 코에 대면 생강과 비슷한 내음이 나는 나무이다. 생강처럼 톡 쏘지 않고 은은하면서도 산뜻한 냄새가 나는 이 나무를 생강나무라고 부른다. 생강나무는 이른 봄철 꽃이 제일 먼저 피는 나무 가운데 하나이다. 산수유 꽃을 닮은 진한 노란색 꽃이 산수유, 개나리, 진달래보다 먼저 피어 봄을 알린다. 생강나무는 녹나무과에 딸린 잎 지는 떨기나무다. 생강나무라는 이름 말고 개동백, 황매목, 단향매, 새앙나무, 아기나무 등의 여러 이름이 있다.

예로부터 생강나무는 도가(道家)나 선가(仙家)에서 귀하게 썼다. 산속에서 정신수련이나 무술 수련을 하던 사람들이 생강나무를 즐겨 썼는데, 생강나무를 달여서 오래 마시면 뼈가 무쇠처럼 튼튼해져서 높은 절벽에서 발을 헛디뎌 떨어지거나 뛰어내려도 여간해서는 뼈를 다치지 않는다고 하였다. 생강나무는 특히 여성이 아이를 낳고 몸조리를 잘 못하였을 때 잔가지를 계절과 관계없이 채취하여 잘게 썰어서 바람이 잘 통하는 그늘에서 말려 약으로 쓴다.

저녁에 잠자기 전에 달인 물을 마시고 나서 방을 뜨겁게 하여 이불을 뒤집어쓰고 땀을 푹 내면 효과가 더욱 빠르다. 몸이 쇠약하고 잠이 잘 오지 않을 때나 어지럽고 소화가 잘 안 되며 정신이 불안한 증상이 있을 때는 생강나무 달인 물과 함께 메추리알을 한 번에 다섯 개씩 하루 세 번 날것으로 먹는다. 생강나무 달인 물을 일주일쯤 마시면 몸에 찬바람이 솔솔 들어오는 듯한 느낌, 찬물에 손을 넣지 못하는 증상, 두통, 식은땀이 나는 증상에 도움을 준다.

● 생강나무 이용법

① 생강나무 줄기나 잔가지를 썰어 말린 것 50~70g에 물 한 되를 붓고 물이 반으로 줄어들 때까지 달여서 하루 서너 번에 나누어 밥 먹고 나서 마신다.

② 산후 조리 목욕물 이용에는 생강나무 줄기를 쑥과 함께 끓여서 사용한다.

(2) 개복숭아 (야생 돌복숭아)

복숭아에 대한 설화나 전설, 상징들은 나름대로 근거를 지니고 있다. 수천 년 전부터 우리 선조들은 복숭아를 선과(仙果)로 여겼으며, 산중에서 정신수련을 하는 사람들이나 의술을 연구하는 사람들이 귀중하게 약으로 썼다. 복숭아나무는 장미과에 딸린 잎 지는 떨기나무다. 키는 4~5m, 지름은 10cm쯤 자란다. 잎은 버들잎 모양이고 어긋나기로 난다. 봄철에 흰색 또는 연한 분홍빛 꽃이 피어서 가을에 열매가 익는다.

필자는 개복숭아를 심어서 자연 건강 연구용으로 이용해온 지도 벌써 25년이라는 시간이 흘렀다. 매년 6월이 되면, 지인들이 연구실을 찾아와서 개복숭아로 건강식품과 발효 음료를 만들어서 민간요법으로 이용하고 있으며, 발효 음료를 만들어서 먹어본 후 모두들 약효가 있었다고 이야기를 하였다.

● 개복숭아 애음 방법

① 반찬을 만들 때 개복숭아 발효 원액을 사용한다.

② 차(茶) 문화에 접목을 하고 있으며 개인 및 손님 접대를 할 때 이용한다. 여름에는 차갑게 만들어서 마시고, 겨울에는 따뜻하게 만들어서 마신다.

③ 일상생활에서 물을 먹고 싶을 때 물 대용으로 마신다.

(3) 복숭아꽃 화장수 만들기

복숭아꽃은 여성들의 살결을 곱게 하는데 도움을 준다.

① 봄철에 복숭아 꽃을 따서 술에 담는다

② 복숭아꽃 600g을 소주 2L에 담아 밀봉하여 어둡고 서늘한 곳에 60
일 동안 두었다가 사용한다.

③ 담근 술에 물을 100배쯤 타서 화장수로 사용한다.

위와 같은 방법을 이용하게 되면 피부미용에 도움을 주게 되는데, 주로
기미나 여드름과 살결이 윤이 나고 하얗게 되는 데 도움이 된다.

(4) 쇠비름 (오행초)

쇠비름은 생명의 존귀함을 강렬하게 표현하는 식물이다. 삶에서 도전
은 연속적으로 필요하다. 사람들이 도전할 때는 열정이 있어야 하는데
그 도전 정신을 쇠비름의 기능에서 찾아보라고 권하고 싶다.

쇠비름은 길가나 밭에 흔하게 자라는 잡초이다. 밭농사를 짓는 사람들
에게는 쇠비름은 골칫덩어리다. 뿌리를 뽑아버려도 끈질기게 살아 있으
며, 아무리 가물어도 죽지 않고, 제초제를 뿌려도 크게 자란 것은 잘 안
죽는다. 쇠비름은 한해살이로 줄기와 잎이 다육질이며 잎은 긴 타원 꼴
이고 줄기는 붉다. 꽃은 6월에서 가을까지 노랗게 피며 열매는 꽃이 지고
난 뒤에 까맣게 익는다.

쇠비름은 잎 모양이 말의 이빨을 닮았다고 해서 마치현이라고 부른다.
또는 오행초라고도 부르는데 이는 다섯 가지 색깔, 즉 음양오행설에서 말
하는 다섯 가지 기운을 다 갖추었기 때문이다. 쇠비름의 잎은 푸르고, 줄
기는 붉으며, 꽃은 노랗고, 뿌리는 희고, 씨앗은 까맣다. 쇠비름은 오메가
3 지방산이 가장 많이 들어 있는 약초이기도 하다. 오메가3라는 지방산
은 혈액순환을 좋게 하고, 콜레스테롤이나 중성지방질 같은 몸 안에 있는
노폐물을 몸 밖으로 내보내며, 혈압을 낮추어 주는 등의 작용이 있다.

쇠비름은 이질이나 만성 장염을 치료하는 약으로 옛날부터 이름이 높았다. 장이 깨끗해지면 혈액이 맑아지고 살결이 고와지며 몸속에 있는 온갖 독소들이 빠져나간다. 쇠비름은 장을 튼튼하게 할 뿐만 아니라 대변과 소변을 잘 나오게 하는 작용도 있다.

● 나물 반찬 만드는 방법

① 쇠비름을 밭에서 채취하여 물로 깨끗하게 세척한다.
② 쇠비름을 냄비에 넣고 표면을 잘 익힌다.
③ 적당하게 잘 익었으면 냉수에 담가서 풀어지는 것을 예방한다.
④ 수분을 제거한 후에 양념을 하고 간을 맞춘다.
＊처음 먹을 때에는 약간 미끈거리는 식감을 느끼게 되어 먹기가 거북스러울 수가 있지만, 반복해서 먹으면 입맛에 적응을 하게 된다.

● 발효 음료 만드는 방법

① 쇠비름을 밭에서 채취할 때 가능하면 큰 것으로 선별을 해서 채취한다.
② 쇠비름을 깨끗한 물에서 세척한다.
③ 항아리의 크기는 재료의 양에 따라서 선택한다.
④ 쇠비름의 양과 설탕을 1:1 비율로 해서 밑에서부터 재료를 넣는다.
⑤ 발효실을 선택해서 3~6개월 정도 숙성시킨다.
⑥ 1차 재료와 액성을 분리하고 여과시킨다.
⑦ 2차 분리 및 여과된 액성체를 숙성시킨다.

＊ 식음 방법

① 여름에는 시원한 물에 타서 시원하게 마시고, 겨울에는 따뜻한 물

에 타서 따뜻하게 시음하면 된다.

② 언더락 그라스에 원액 2 : 물 8의 비율에 맞추어서 서빙을 한다.

(5) 마아목 (馬牙木)

나뭇잎이 말의 이빨처럼 닮았다고 해서 마아목이라고 부르기도 한다. 낙엽성의 활엽교목으로서 높이는 6~8m까지 이른다. 잎은 9~13개의 잎 조각이 깃털 모양으로 모여 이루어지며 마디마다 서로 어긋나게 자리한 다. 잎 조각의 생김새는 넓은 피침꼴 또는 타원형에 가까운 피침꼴이고 가장자리에는 길고 뾰족한 톱니가 있다. 잎은 잎맥에 따라 깊이 패이고 주름이 잡혀 있다. 잔가지 끝에 희고 작은 꽃이 우산꼴로 모여서 피어난 다. 꽃은 다섯 장의 꽃잎으로 이루어져 있고 지름이 8~10mm이다. 꽃이 지고 난 뒤에는 지름이 5~8mm며 열매의 색은 붉게 물들어 아름답다. 비교를 한다면 우리들이 가슴에 달고 다니는 사랑에 열매와 비슷하게 생겼다고 생각하면 된다. 필자가 마아목을 알고 지낸 지가 20년이 넘는다. 그리고 마아목의 특수한 기능을 통해서 민간요법으로 많이 활용하고 있다.

● 마아목 향의 기능을 추출하는 방법

① 가을철에 마아목 나무 잔가지와 열매를 채취한다.

② 도심 근처에서 자라는 나무와 열매는 흐르는 물에 가볍게 세척한다.

③ 깊은 산속에서 자라는 나무와 열매는 세척을 하지 않아도 무방하다.

④ 투명한 유리병에 나무와 열매를 담고 35도의 소주를 넣어준다.

이때 재료의 비율은 열매와 나무를 40%, 과실주 60%의 기준으로 넣어 주면 된다.

⑤ 3~6개월 사이에 1차 여과를 해준다.(재료와 알코올을 분리하는 과정)

⑥ 2차 분리 및 여과된 액체를 숙성시키면서 조금씩 애음하면 된다.

● 마아목 열매를 발효하는 방법

① 가을철에 마아목 열매를 채취해서 흐르는 물에 세척한다.

② 마아목 열매를 항아리에 담고 흑설탕과 1:1 비율 기준으로 잘 눌러서 담는다.

③ 3개월 후 1차 여과를 하여 2차 숙성 과정을 하면서 시음해도 좋다.

④ 이때 중요한 점은 발효실 환경에 따라서 3~6개월이라는 기간이 결정된다.

● 우리 몸에 어떤 도움을 주는가

① 일반적으로 마아목의 효능은 이뇨, 진해, 거담, 간장 등의 효능을 가지고 있으며 적용 질환은 신체 허약증을 비롯하여 기침, 기관지염, 위염 등으로 알려져 있다.

② 필자가 민간요법으로 적용한 사례는 관절이 아픈데(특히 무릎관절이 아픈데), 간장 및 신체 허약증 등에 이용해 보았다. 개인적으로 체험한 사례이기는 하나 약효가 있다고 생각한다.

③ 마아목을 알코올에 침출시키면 독특한 향이 추출된다.

④ 마아목 향기를 정신 치유 프로그램에 응용해도 좋다.

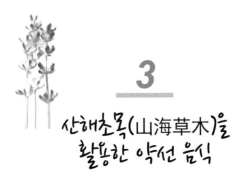

3

산해초목(山海草木)을 활용한 약선 음식

　산과 바다의 공간 속에 놓여 있는 자연 자원들을 이용해서 촌스럽고 시골 향기가 담겨 있는 음식을 식탁에 올려 내 몸에서 보약이 되도록 탐구를 해보자.

　농·산·어촌 관광에 있어 음식 코스는 필수적이며, 휴양에 있어서도 음식의 종류와 섭생의 방식은 몸을 치유함에 있어 중요한 부분을 차지하게 된다. 관광과 휴양과 치유를 실행함에 있어 핵심 상품이라고 해도 과언이 아니다. 아래와 같이 소개하고자 하는 음식의 일부분은 필자가 직접 개발한 메뉴이며, 상용화하여 지난날 농·산촌 관광의 성업 시절에 소비자들에게 인기가 있었던 산해초 음식이다. 그리고 테르펜 음식은 현재에도 개발 진행 중에 있으며 대표적으로 몇 가지만 소개를 하고자 한다.

● 약선의 개요
　사람이 먹는 식품은 몸에 좋은 것이어야 한다. 그렇다면 몸에 좋은 것이란 어떤 기준을 말할까? 영양분을 가지고 있으며, 위생 상태가 좋고,

유해한 성분이 없는 것을 말한다. 자연에 놓인 식자재들은 다른 식품과 어울리면서 소화성이 좋아지는 경우도 있고, 나빠지는 경우도 있다. 그러한 이치를 잘 알면 합리적인 식생활 문화를 접목함에 있어 약이 되고 독이 되는 구별법을 익히는 데 큰 도움이 된다.

옛날 사람들은 동물처럼 본능에 따라서 먹거리를 구분했다. 어떤 때는 독이 있는 식품을 먹어 변을 당할 때도 있었다. 지금 우리들이 먹고 있는 음식물은 조상들이 많은 희생을 치르고 얻어낸 결과물이다. 자연에 놓인 식자재들을 먹을 수 있는 것만 가려서 오늘날 후손들에게 전해온 일용할 양식이라고 말할 수 있다. 약선 음식은 오랜 역사를 통해 귀중한 인체 실험을 바탕으로 얻어낸 지식이다.

최근 들어 건강에 대한 관심이 높아지면서 음식재료뿐만 아니라 기능성 식품을 이용한 건강식 개발과 조리법에 관한 관심이 커지고 있다. 우리 몸에 면역력을 높여주고 우리 몸에 약이 되는 음식인 약선 음식은 유아부터 시작해서 노인에 이르기까지 질병을 예방하고 치료에 도움을 줌으로써 삶의 질을 높여주고 건강한 생활을 영위할 수 있게 하는 가장 대표적인 건강 음식으로 주목받고 있다.

인간이 음식을 이용해서 질병을 고치고 몸을 이롭게 하려는 시도는 오랜 역사를 가지고 진행되어 왔다. 약선(藥膳)이란, 약물의 약(藥) 자에 반찬 선(膳) 자를 쓰는데 약선 음식은 음식에 약재를 넣어 기능을 살린 약이 되는 먹거리로 질병 예방 및 치유 건강과 장수를 목적으로 하는 음식이다. 약선 음식은 의학과 약학 이론에 기초하여 약재와 약용 가치를 지닌 음식재료들을 서로 유기적으로 배합하여 조리해낸 색(色), 향(香), 맛(味), 형(形)이 겸비된 음식이라 할 수 있다.

(1) 참마 죽

찹쌀에 마를 갈아 넣고 끓인 죽으로 비장과 위장의 기능을 강화시켜 탈난 속을 달래주며 설사가 잦은 아이들에게 좋다. 주재료인 참마는 기력을 좋게 하고 음을 자양(滋養)하는 효과가 있어 자주 복용하면 기와 음을 보하고 뇌 기능을 튼튼히 하여 지혜를 더하게 한다.

● 재료 및 분량

찹쌀 1컵, 마 100g, 당근 20g, 다시마 20g, 물 7컵, 소금 1작은술, 참기름 1/2작은술, 통깨 1/2작은술

● 만드는 방법

① 찹쌀은 깨끗이 씻어 일어서 2시간 정도 물에 담갔다가 체에 밭친다.

② 다시마는 면보로 닦는다. 냄비에 물을 붓고 끓인 후 다시마를 넣고 불을 끈 다음 5분 정도 두었다가 다시마를 건진다.

③ 마는 깨끗이 씻어 껍질을 벗겨 강판에 갈고 당근은 깨끗이 씻은 후 곱게 다진다.

④ 냄비를 달구어 참기름을 두른 다음 불린 찹쌀을 넣고 중 불에서 2분 동안 투명하게 볶다가 다시마 물을 붓고, 센 불에서 4분 정도 끓인다.

⑤ 물이 끓으면 중 불로 낮추고 뚜껑을 덮는다. 가끔 저으면서 20분 정도 끓이다가 약한 불로 낮추고 갈아놓은 마와 당근을 넣은 후 뜸이 들도록 5분 정도 더 끓인다.

⑥ 죽이 잘 어우러지면, 소금을 넣어 간을 하고 2분 정도 더 끓인 후 그릇에 담고 고명으로 통깨를 뿌린다.

● 참고 사항

– 당근을 넣은 후 조금만 끓여야 색감이 살아 있다.

– 마와 당근을 다져서 같이 끓이기도 한다.

– 쓰다가 남은 마는 랩에 싸서 냉장 보관한다.

(2) 현미 굴밥

현미 찹쌀과 멥쌀, 굴을 넣고 지은 밥이다. 굴은 석화(石花)로 불리며, 먹으면 향기롭고 보익하다. 단백질이 많이 들어 있고 우유보다도 요오드가 200배 정도 들어 있어 머리카락에 윤기를 주며 철분은 물론 비타민 C와 E의 함유량이 높아 피로를 줄여 주고 변비를 막아 주어 피부를 좋게 한다.

● 재료 및 분량

멥쌀 1컵, 현미찹쌀 1/4컵, 완두콩 30g, 콩나물 20g, 물 2컵, 굴 200g, 소금 1작은술

● 만드는 방법

① 현미 찹쌀은 깨끗이 씻어 일어서 물에 4시간 정도 담갔다가 체에 밭친다.

② 멥쌀은 깨끗이 씻어 일어서 물에 30분 정도 담갔다가 체에 밭친다.

③ 굴은 소금에 씻어 체에 밭친다.

④ 콩나물은 꼬리를 떼고 깨끗이 씻는다.

⑤ 냄비에 쌀, 현미살, 완두콩, 콩나물을 넣고 물을 부은 다음 센 불에서 3분 정도 끓이다가 중 불로 낮추어 3분 정도 끓인다. 약한 불로 낮추

어 굴을 넣고 쌀알이 잘 퍼지도록 15~20분 정도 뜸을 들인다.

⑥ 주걱으로 고루 섞은 후 그릇에 담고 양념장을 곁들인다.

● 참고 사항

– 콩나물이 들어가므로 밥물을 적게 넣는다.

– 굴을 너무 일찍 넣으면 밥의 색이 검게 된다.

– 작은 굴이 맛과 향이 좋은 자연산이다.

(3) 동충하초 시금치 두부 무침

● 동충하초의 효능

겨울에는 곤충, 여름에는 풀처럼 돋아나는 신비로운 버섯이 동충하초다. 중국의 진시왕은 불로장생을 위해, 양귀비는 아름다움을 위해 즐겨 먹었다는 동충하초는 면역력 증강, 당뇨, 고혈압 예방 등에 뛰어난 효능이 있어 중·노년층에서 큰 호응을 얻고 있다.

● 재료 및 분량

동충하초 100g, 시금치 2단, 두부 1모, 대파 1/2뿌리, 마늘 1톨, 참기름 1/2술, 통깨 1/2술, 소금 1작은술

● 만드는 방법

① 동충하초는 배지에서 뜯어 1/2로 잘라 준비해 둔다.

② 시금치는 데쳐서 준비하고 두부는 면보에 물기를 제거한 후 으깨어 준비한다.

③ 대파는 굵게 다지고 마늘도 곱게 다져 준비한다.

④ 준비된 모든 재료를 혼합하여 조물조물 무쳐서 예쁘게 장식한다.

(4) 자연 향기와 함께하는 약초 순대

약초 순대는 육고기와 약초류와 곡물류가 결합되어서 만들어진 간식형 음식이다. 신선한 약초와 채소가 주재료이기 때문에 담백하면서도 영양가가 높아 자연 건강식으로 적합한 음식이다.

● **재료 및 분량 (약초 순대 10kg 기준)**

당근 1kg, 당면 1봉 500g, 두부 10모, 돼지고기 10근, 달걀 20개, 밤 1되, 대추 1되, 찹쌀, 일반 쌀 4되, 양파 1kg, 대파 약간, 표고버섯, 선지 약간, 능이버섯, 당귀, 천궁, 음나무, 느릅나무, 기타 갖은 양념 6종

● **만드는 방법**

① 상기 재료를 준비하여 다듬은 후 규격에 맞게 절단한다.

② 당근은 0.5cm 크기로 자른다.

③ 당면은 4시간 정도 찬물에 불린 다음 5cm 크기로 자른다.

④ 두부는 면으로 된 보자기에 싸서 수분을 제거한다.

⑤ 돼지고기는 고기 믹서기로 가늘게 갈아서 준비한다.

⑥ 밤은 껍데기만 벗겨서 깨끗하게 세척한다.

⑦ 대추는 씨앗을 빼고 깨끗하게 세척한다.

⑧ 쌀은 깨끗하게 세척한 후 물기를 제거한다.

⑨ 표고버섯은 야생 표고버섯 같은 경우는 그대로 잘게 다져 준다. 건조된 표고버섯을 사용할 때는 물에 불렸다가 사용한다.

⑩ 돼지 막장의 냄새를 줄이는 기법이 순대 맛의 관건이 되기 때문에

세척에 특별히 신경을 써야 한다. (밀가루를 이용한다.)

⑪ 기초 재료 준비를 마친 후 큰 양판을 준비해서 재료를 넣고 혼합한다.

⑫ 재료 혼합 후, 막장에다 준비된 재료를 넣고 입구를 잘 막는다.

⑬ 가마솥에 약초와 물을 넣고, 물이 끓으면 재료가 채워진 막장을 넣고 삶는다.

⑭ 막장을 넣고 끓일 때 순대가 터지지 않도록 관찰하면서 살펴야 한다.

⑮ 다 익었다고 판단이 되면 건져내서 자연 건조한다.

⑯ 자연 건조 후 즉석에서 상차림을 한다.

⑰ 일시적으로 소비가 안 될 경우에는 냉동실에 보관하면서 이용해도 된다.

⑱ 수요가 있을 때 냉동실에서 1개씩 슬라이스를 하여 접시에 담아 손님상에 오른다.

● 시식하기

약초 순대는 식사 대용, 간식 대용, 술안주 대용으로 적합하며, 특히 찰옥수수 맑은술과 궁합이 조화로워 술 한잔에 순대 한 조각을 먹으면 자연 속에 놓인 신선이 바로 이런 것이구나 하고 감탄하게 될 것이다.

(5) 찰옥수수 맑은술

강원도는 전통적으로 옥수수가 많이 생산되는 곳이다. 옥수수의 종류로는 황옥수수와 찰옥수수 두 가지 종류가 있으며, 식용으로는 찰옥수수가 있는데 옥수수 전체를 삶아서 간식으로 먹는 방법과 옥수수쌀을 만들어서 밥으로 먹는 방법이 있다. 그리고 황옥수수는 분말로 갈아서 엿을 만들어 먹거나 동물 사료용으로 사용되고 있다.

과거에는 이 작물이 산간 주민들에게는 주곡식이나 다를 바가 없었다. 옥수수는 우리의 생활 속에 매우 유익한 기능성으로 자리하고 있는데 옥수수 수염은 차[茶] 대용으로, 알갱이는 주식으로, 옥수수 줄기는 소의 먹이로 사용하는 그야말로 버릴 것이 없는 고마운 식물이다. 그리하여 산촌 주민들은 쌀과 같은 곡물의 주정보다는 옥수수의 주정이 발달되지 않았나 생각한다. 전통 방식으로 만든 찰옥수수는 보존 기간이 길다는 것이 장점이다. 일반적인 방식으로 만들어진 동동주(막걸리)는 보존 기간이 15일 전후이며, 찰옥수수 맑은술의 경우 3개월이 기본이지만 1년 보존도 가능하다.

● 찰옥수수 맑은술의 특성

찰옥수수 맑은술은 6~9도의 알코올 성분을 가지고 있으며, 마치 양주의 색상처럼 갈색을 띤 맑은 주정이다. 그래서 옥수수 맑은술이라고 부르기도 한다. 필자가 직접 제조한 찰옥수수 전통주는 마시고 나서 머리가 아프다는 후유증이 없고, 숙취 해소가 빠르다는 것이 특징이기도 하다. 옥수수 술 제조 과정에서 술 위에 떠 있는 옥수수의 기름은 피부 미용에도 좋다는 사례가 있다. 단점이 있다면 술 가격이 좀 비싸다는 것이다. 그러나 전통주 맛을 본 사람들은 가격과는 관계없이 다시 찾곤 한다.

● 재료 및 분량 (맑은술 두 말 기준)

찰옥수수 2말, 누룩 4덩이, 쌀 4되, 이스트, 솔잎, 엿기름 4되

● 만드는 방법

① 찰옥수수는 말린 것으로 준비한다.

② 누룩은 2cm * 2cm 정도의 정사각으로 만든다.

③ 쌀은 깨끗하게 세척해서 수분을 제거한다.

④ 엿기름은 채를 통해서 미세한 분말을 선별한다.

⑤ 기초적인 재료 준비가 끝나면 옥수수를 1/2 크기로 분쇄하고 물을 부어서 12시간 동안 부드럽게 불린다.

⑥ 1차 분쇄한 옥수수를 엿기름을 섞어서 다시 정밀 분쇄한다.

⑦ 가마솥에 물을 끓이다가 미지근해지면 ⑥번을 넣고 계속 끓인다.

⑧ 옥수수 분말이 가마솥 밑에 붙지 않도록 계속 저어 준다.

⑨ 분말 액이 끓으면 넓은 그릇으로 옮긴 뒤 냉각 과정에서 엿기름을 물에 섞어 분말 액 위에 샤워식으로 뿌려준다.

⑩ 미지근한 상태에서 1차 여과를 한다.

⑪ 여과한 엿물을 다시 가마솥에 넣고 끓인다.

⑫ 엿물의 온도가 오를 수 있도록 계속해서 끓인다. 여기에서 알코올 도수가 결정된다.

⑬ 적정하게 끓었다고 판단이 되면 쌀을 넣고 조금 더 끓인다.

⑭ 가마솥에 거품이 한 번 오르면 끓이는 작업을 중지한다.

⑮ 넓은 그릇에 담아서 냉각시킨다.

⑯ 냉각 후 항아리에 넣고 누룩을 넣고, 술 약을 넣고 1차 발효를 시킨다.

⑰ 발효 과정에서 술이 끓는 소리가 들린다.

⑱ 7일 후 소리가 약해지고 술이 익었다고 판단이 되면 고운 채로 1차 여과를 한다.

⑲ 1차 여과를 한 원액은 다른 항아리로 옮겨서 2차 발효를 시킨다.

⑳ 2차 발효 과정에서 10일 정도 지나면 상층부로부터 맑은술을 떠낸다.

● 시음하기

찰옥수수 맑은술 전통주는 양주와 같은 성질이 있으므로 짧은 시간에 일시적으로 많은 양을 식음하는 것은 바람직하지 않다. 빠른 속도로 술을 마시게 되면 취기가 갑작스럽게 올라서 실수를 할 수가 있다.

(6) 표고버섯 튀김

표고버섯은 예로부터 가정에서 조미료로 사용되어 왔는데 맛을 내는 본체가 5-구아니산나트륨이라는 사실이 밝혀졌다. 그리고 표고의 독특한 향기의 주성분은 렌티오닌이라는 것도 알려져 표고의 이용 가치는 더욱 높아졌다.

● 재료 및 분량

표고버섯 500g, 소고기 100g, 찰옥수수 쪼갠 것 200g, 잣 또는 땅콩 20g, 밀분, 중력 튀김분, 맥주 1캔

● 만드는 방법

① 표고버섯은 1cm 크기로 자르고, 소고기는 갈아서 다진다. 옥수수는 삶고, 잣과 땅콩은 잘게 쪼갠다.

② 밀분과 튀김분, 찰옥수수, 버섯을 넣고 믹서를 한다.

③ 믹서할 때 맥주와 수액을 넣으면서 성형 농도를 조절하고 양념을 한다.

④ 튀김 용기와 식용유를 준비하고 기름 온도는 120도 전후를 유지한다.

⑤ 1차 성형한 내용물을 넣고 튀기다가 표면이 익으면 2차 표면에 설

화를 입힌다.

⑥ 표면에 설화를 코팅하는 기술이 상품 가치의 관건이 된다.

⑦ 소나무 목지에 기름을 제거한 후 테르펜 액을 스프레이한다.

⑧ 접시에 담아 손님에게 서빙한다.

● 표고튀김 소스 만들기

① 겨우살이 + 약쑥 + 당귀 등의 재료를 발효시킨 원액을 주재료로 하고,

② 진간장 + 사과 식초를 부재료로 사용해서 믹서를 한다.

● 시식하기

① 간식이나 술안주로 이용하면 좋다.

② 라면을 끓여서 함께 먹거나 면의 고명으로 이용해도 별미다.

(7) 산해초전

서양에서 시작된 전의 형태가 피자라는 이름으로 명명되어 한국 사회에서 유명세를 타며 많은 사람이 애용하고 있다. 그렇다면 우리나라에서도 피자와 같은 한국형 피자를 만들어 보고 싶었다. 그래서 고안한 작품이 산해초전이다. 산해초전의 특징은 재료가 산과 바닷속에 담겨 있는 약초와 해물을 이용했으며, 산과 바다의 향기를 조화로움으로 표현하였다. 그러므로 산과 바다에서 막걸리(동동주) 한 잔에 전을 곁들이면 행복 2배의 기쁨을 맛보게 된다.

● 만드는 재료

새우, 오징어, 굴, 홍합, 더덕, 도라지, 실파, 당근, 양파, 밀분, 튀김분,

옥수수분, 치즈가루, 참기름

● 재료 손질

① 새우는 머리를 따서 깨끗하게 세척해 둔다.

② 오징어는 껍질을 벗기고, 열십자형으로 칼집을 넣고 가로 1cm * 세로 3cm 크기로 자른다.

③ 실파는 세척 후 5cm 크기로 자른다.

④ 당근과 양파는 채로 썰고 더덕과 도라지는 찢어서 잘게 썰어 준다.

⑤ 굴과 홍합은 잘 세척해서 건조시킨다.

● 만드는 방법

① 밀분, 튀김분, 옥수수분 등을 혼합한 후 물, 고로쇠 수액, 초로발효액을 넣고 부침의 농도를 조절한다.

② 소나무 테르펜 및 갖은 양념을 한다.

③ 프라이팬을 준비한다. 온도가 적당히 오르면 1차 공정으로 채소가 들어간 성형물을 먼저 프라이팬에 올려놓는다.

④ 단면이 조금 익기 시작하면 성형분액을 한 국자 붓고, 한쪽 면이 익으면 뒤집는다.

⑤ 뒤집은 상태에서 2차 공정으로 새우와 홍합을 삽입한다.

⑥ 3차 공정은 원반 형태의 전을 반대쪽으로 뒤집는다.

⑦ 뒤집고 나서 뜸을 들이는 과정에서 치즈가루를 뿌려준다.

⑧ 완성 직전에 소나무 테르펜 향을 침투시킨다.

⑨ 완성 후 접시에 자소엽을 바닥에 깔고 전을 담고 서빙한다.

● 소스 만들기

적포도주 + 진간장 + 설탕 + 사과 식초 + 고로쇠 수액을 혼합한다.

● 시식하기

① 먹기 편안한 크기로 자른다.

② 해물과 약초의 향을 음미하면서 천천히 시식한다.

③ 청소년에게는 간식용으로, 성인들에게는 건강식으로 안성맞춤이다.

※ 상기 상품들은 1992년부터 필자가 직접 개발하였으며, 음식점에서 상용화하여 현재까지 이어오고 있다. (1981년 조리사 면허증 보유)

4
야생 꽃차

(1) 자연이 주는 휴선 꽃차

휴선을 즐기면서 꽃차[茶] 한 잔을 마시는 것은 녹색 공간 속에 담겨 있는 기운을 마시는 것과 같은 이치다. 차[茶]는 본래 질병을 치료하기 위한 약재였다. 그러나 그 향긋한 맛에 매료돼 기호품으로 애용되다가 예(禮)는 물론 도(道)에 이르는 마음 수련 공부의 하나로 생각하기에 이르렀다.

우리나라에서 꽃차를 즐기기 시작한 것은 그리 오래되지 않았다. 몇 년 전만 해도 꽃차라고 하면 대부분 외국에서 수입한 재스민, 마리골드와 같은 차들이 우리들의 생활에 자리를 했으나, 요즘 우리 정서에 맞는 은은한 향의 꽃차가 대중적으로 확산되고 있다. 예로부터 사대부 집안에서는 진달래꽃으로 화전을 해서 먹거나 꿀에 절여 먹기도 했는데, 특히 천식 치유에 효과가 있다고 한다. 이렇듯 오래전부터 꽃을 약으로 활용했지만 요즘에는 꽃차를 통해 향과 시각적으로 보는 즐거움과 치유 프로그램으로 활용하는 사람들이 늘어나고 있다.

꽃차를 즐기는 것마저 익숙하지 않은 사람들에게 꽃차를 만들어 보라고 하면 어려워하는 것은 당연한 일이다. 하지만 어떻게 보면 꽃은 사람과 같다. 호감이 가는 사람이 있다면 그 사람에게 점점 더 관심이 가게 되듯이 좋아하는 꽃이 있다면 그 꽃에게 관심을 가지게 된다.

(2) 꽃차의 정의

꽃이 지니고 있는 성질에 맞는 제다법을 거쳐서 독성을 없애고, 그 꽃 고유의 맛과 향기, 그리고 모양까지 즐길 수 있도록 법제한 것을 꽃차라 한다.

● 유래

꽃차는 화차라 하기도 하는데 녹차 · 황차 · 백차 · 홍차 · 청차 · 흑차 이렇게 6대 차류의 찻잎에 꽃의 향기를 흡착시켜 차를 마실 때 꽃향을 함께 느낄 수 있게 제조한 화차가 그 시작이다.

● 변화

꽃차는 향을 입힌 화향차에서 시작되었고, 진한 향을 가진 매화나 난꽃, 장미 같은 생 꽃을 찻물에 바로 띄워서 꽃차를 즐기기도 하다가 오늘날엔 말리거나 냉동시켜 차로 우려 마신다.

(3) 꽃차의 재료

봄, 여름, 가을에 걸쳐 다양하게 재료 선택이 가능하다. 주로 야생의 꽃들을 많이 활용하는 것이 좋다. 봄철에 산야에는 많은 꽃이 핀다. 봄에 피는 꽃들은 거의 다 활용이 가능하다. 여름철에는 야생에서 꽃을 보기가 어렵다. 그래서 화원에서 재배하는 꽃을 많이 쓰게 된다. 가을철에는 야생 꽃과 재배 꽃을 혼합해서 이용한다. 겨울철에는 겨울에 피는 꽃들이 극히 제한되어 있다. 그래서 주로 잎차를 이용한다.

● 꽃차 재료의 주의 사항

첫째, 천남성과의 식물과 미나리 아제비과의 식물처럼 독성이 있는 꽃은 사용을 금한다. (은방울꽃, 애기똥풀, 대극, 미치광이풀 등) 그 외 잘 모르는 꽃이나 독성이 조금이라도 있다고 알려진 꽃은 손대지 않는 것이 좋다.

둘째, 식용이 가능한 꽃이라 해도 차가 많이 다니는 도로변이나 농약 제초제를 많이 치는 농가 인근과 밭둑 길의 꽃은 채취하지 않는다. 너무 활짝 핀 꽃은 향이 적고 모양도 예쁘지 않으므로 될 수 있으면 피하는 게 좋다.

● 꽃을 채취할 때

산과 들에서 피는 모든 꽃이 차의 재료가 될 수 없다. 이른 봄에 피는 꽃에는 대체로 독성이 없으나, 그 외의 많은 꽃에는 독성이 있기 때문에 검증되지 않은 꽃들을 함부로 차를 만들어서는 안 된다.

① 꽃봉오리가 약간 열리기 시작하면 채취하는데 그때가 가장 향이 좋을 때다.

② 이슬이 머금고 있는 새벽 시간이나 저녁 시간의 꽃은 향이 약하므로 피해야 한다.

③ 줄기나 잎은 될 수 있는 한 피하고 꽃만 채취하는 것이 좋다.

④ 꽃을 채취할 때는 솎아내듯이 따내고, 한 가지에서 많은 양의 꽃을 따내지 않는다.

⑤ 꽃을 딸 때는 욕심내지 말고 항상 소화할 수 있는 양만큼만 따도록 한다.

(4) 꽃차 마시는 방법

꽃차는 뜨거운 물에 우려야 꽃이 피어나는 것을 제대로 볼 수 있다. 물을 10분 이상 끓인 다음 식기 전에 바로 붓고 1~2분 정도 짧은 시간에 우려 마시는 것이 좋다. 지나치게 오랜 시간을 우리면 오히려 역한 향이 날 수도 있다. 물을 부을 때는 찻잔의 중심에서 원을 그리면서 따른다. 말린 꽃은 아주 가볍기 때문에 한 곳으로만 물을 따르면 꽃이 제 모습대로 피어오르지 않으며 꽃잎의 가장 자리가 따로 움직이게 된다.

꽃차는 녹차와는 달리 가벼우면서 부피가 작고 향기롭기 때문에 꽃을 소량만 사용하는 것이 좋다. 꽃차가 담긴 찻잔을 들고 코로 향을 음미하다 보면 어느새 꽃잎이 하나둘씩 피기 시작하는데, 이때 혀끝으로 가져가 입으로 음미한다. 꽃차는 잎차와는 달리 시각, 후각, 미각 등을 동시에 만족시켜 주는 차[茶]이다. 꽃의 형태를 충분히 감상하면서 향기를 마시고 맛을 음미한다면 꽃 자체가 주는 행복감은 2배가 될 것이다.

● 꽃차 시음

① 다기는 꽃 모양과 색상 감상을 위해서 유리 다기를 선택한다.

② 차를 시음할 때 병 속의 꽃을 떠서 백지나 접시에 담는다.

③ 접시에 놓인 꽃 모양과 색감을 감상하고 향을 맡는다.

④ 뜨거운 물로 다기를 데움과 소독을 병행한다.

⑤ 다관에 꽃차를 넣고 뜨거운 물을 부어 뚜껑을 닫고 꽃이 피는 모양을 감상하면서 우림의 시간을 가진다.

⑥ 꽃차 물의 온도는 녹차 물의 온도보다 높은 온도에서 잘 우러난다.

⑦ 잠시 후 뚜껑을 열고 심호흡을 하면서 향을 마음속으로 음미한다.

⑧ 개인 찻잔에 따르고 시음한다. 시음할 때는 조금씩 입안에 머금고 두 번 정도 굴리면서 맛과 향을 천천히 음미한다.

⑨ 꽃차는 3~4회 정도 다시 우려서 시음해도 좋다.

(5) 야생에서 자라는 꽃으로 꽃차 만들기

꽃차는 꽃이 피는 시기에 따라 만드는 방법을 달리한다. 꽃잎이 얇은 매화, 산수유, 개나리와 같은 봄꽃은 자연 그대로 말린 후 차를 달이는 반면 수레국화, 구절초 같은 가을꽃은 가볍게 쪄서 말린 후 솥에 넣어 은근한 불에 덖은 뒤 우려야 제향과 빛깔이 난다. 잎이 얇은 봄꽃은 말리지 않은 생 꽃을 그대로 우려 마셔도 좋다.

① 구절초 꽃차

들국화의 대표적인 꽃인 구절초는 음력 5월 5일(단오) 즈음에 줄기 마디가 다섯 마디로 자라고, 음력 9월 9일(중양절)에 줄기 마디가 아홉 마디 정도가 된다. 중양절에 채취한 것이 가장 약효가 좋다 하여 그 이름을 구절초라 했다. 구절초 꽃차는 차 향이 좋으며 구수한 맛이 난다. 차 색은 약한 노란색이지만 투명함에 가깝다. 뜨거운 물을 부어도 색이 변하지 않아 열에 안정적이다.

- 만드는 방법
- 꽃을 따서 깨끗이 씻어 그늘에서 말린다.
- 밀폐 용기에 넣어 냉장 보관한다.
- 꽃 3~5송이 정도를 찻잔에 넣고 뜨거운 물을 부어 마신다.

② 도라지 꽃차

봄철이 되면 도라지 밭에서 도라지꽃을 마주하게 된다. 도라지의 꽃은 흰색보다도 보라색이 더 많다. 보랏빛 꽃차의 경우는 열에 안정적이어서 뜨거운 물을 부어도 색이 유지된다. 따라서 건조할 때 되도록 색이 보존될 수 있도록 잘 건조해야 한다.

- 만드는 방법
- 도라지 꽃봉오리에서 바로 핀 꽃을 선택하여 채취한 뒤 깨끗하게 손질해서 말린다.
- 말린 꽃 3송이 정도를 찻잔에 넣고 뜨거운 물을 부어 마신다.

③ 둥굴레 꽃차

다년초로서 땅속 줄기는 길게 옆으로 뻗어 마디 사이가 길다. 4~5월에 꽃이 피는데 밑 부분은 흰색이고 윗부분은 녹색이다. 열매는 둥글고 검은색으로 익는다. 예로부터 어린 순과 꽃을 데쳐서 나물로 무쳐 먹었다. 찻잔에 뜨거운 물을 넣자마자 구수한 향이 풍겨 기분이 저절로 좋아진다. 건조되었을 때에는 갈색이었던 꽃이 뜨거운 물에서 끝 부분의 녹색 부분이 보이면서 오히려 색상이 선명해진다.

- 만드는 방법
- 5월 초에 채취하며 아침에 하나씩 떼어서 준비한다.
- 증기로 말리거나 바람이 잘 통하는 그늘에서 말린다.
- 꽃잎이 두꺼워서 쉽게 마르지 않아 10일 이상 걸린다.
- 둥굴레꽃 10송이 정도를 찻잔에 넣고 뜨거운 물을 부어 우려낸 후 마신다.

④ 벚꽃차

벚꽃 잎에는 비타민 A, 비타민 B, 비타민 E가 들어 있으며, 벚꽃을 따서 꽃잎과 꿀을 넣어 버무려 벚꽃청을 만들어도 좋다. 차 맛은 순하며, 꽃의 향긋한 향이 그대로 전해진다. 차 색은 연한 갈색이다.

- 효능 및 성분

벚나무의 껍질에는 사꾸라닌이라는 물질이 들어 있는데 해수와 기침에 도움을 준다. 잎에는 쿠마린이라는 성분이 들어 있는데 음식물이 쉽게 상하지 않게 하는 작용을 해준다.

- 만드는 방법 1
- 벚꽃을 따서 꽃잎만을 모아 채반에 밭쳐 준다.
- 벚꽃을 그늘에서 말리는 방법도 있지만 저온에서 덖은 후 말리는 방법도 있다.
- 찻잔에 한 스푼 정도의 꽃을 넣고 뜨거운 물을 부어 마신다.

● 만드는 방법 2
- 싱싱한 꽃잎을 모아 잘 씻는다.
- 약간의 설탕을 넣어 버무린 후, 3일 정도 후에 설탕이 녹으면 꿀을 첨
  가하여 벚꽃청을 만든다.
- 꽃잎을 처음부터 꿀에 재면 꽃 모양이 흐트러질 수 있다.
- 1~3개월 정도 후에 음용한다.
- 벚꽃청 1티스푼(15g)에 끓는 물을 붓고 우려내어 마신다.

● 벚꽃 발효액
- 꽃잎을 채취하여 손질한다.
- 꽃잎과 흑설탕을 1:1의 비율로 넣고 잰다.
- 30일 정도 발효시킨다.
- 1차 여과한다
- 1차 여과 후 6개월 이상 연속적으로 숙성시킨다.
- 1차 여과 후 숙성시키면서 시음한다.

5
황토 지장수 만드는 방법

(1) 황토 지장수(黃土地漿水)란?

황토는 풍화 작용에 의해서 생성된 것으로 생각되며 태양 에너지를 오랜 세월에 걸쳐 흡수하여 생긴 규소성 광물이라고 할 수 있다. 따라서 황토에는 인간의 몸에 꼭 필요한 에너지가 농축되어 있다. 황토 지장수(토장수 또는 향토수)란 청정 지역에 있는 황토를 약 1미터의 깊이로 파서 물을 넣고 휘저은 다음 며칠이 지나면 상층부에 생기는 맑은 물인데 해독력, 자정력이 탁월하다고 알려져 있어 한의학에서는 중풍이나 소아병을 치료하는 데 사용하기도 한다. 또한, 황토에는 약(藥) 성분이 많아 어육독, 약물 균의 독을 해독시키는데 도움을 주기도 한다.

(2) 황토 지장수는 우리 몸에 왜 좋은가

흙은 생명의 근원이다. 특히 황토는 '황토의 신비'라고 일컬어질 만큼 그 효능을 인정받고 있다. 황토는 조상 대대로 체험을 통해 그 효능을 인정받아 왔고, 조상들의 생활과 늘 함께하고 있었다. 지표면의 10%를 덮고 있는 황토는 반 건조 지역에 가장 넓게 분포하고 있으며, 황토에는 생체에 유익한 미생물들이 많이 살고 있어 다양한 효소들이 우리 몸에서 순환 작용을 일으키는데 도움을 주기도 한다. 예로부터 황토는 살아 있는 생명체라 하여, 엄청난 약성을 가진 무병장수의 흙으로 알려져 왔다. 그리고 황토는 원적외선 에너지를 다량 방출, 흡수하는 물질이다. 원적외선은 태양 에너지가 그 근원으로 물체에 닿는 순간 그 물체의 분자 활동을 자극한다. 분자 활동이 활발하게 되면 생명체의 생체 기능이 되살아나게 되어 신진대사를 촉진시켜 준다.

(3) 청정한 장소에서 황토 굴취하기

① 황토를 굴취할 때는 오염원이 없는 청정 환경을 선택한다.
② 지상에 소나무가 많고 지표면에 솔잎이 많이 떨어져 있는 곳이 좋다.
③ 굴취할 때 편리성을 감안해서 경사 20~30도 정도 되는 곳을 선택한다.
④ 지상에서 60~90cm 정도 깊이를 굴착한다.
⑤ 청결한 흙인가를 육안으로 검사한다.
⑥ 괜찮으면 필요한 만큼 굴취한다.

(4) 재료 준비

① 옹기항아리는 100L 크기로 준비한다.
② 황토와 물 1차 여과를 위한 채를 준비한다.
③ 소나무 가지로 H자형 받침대를 만들어서 준비한다.
④ 청결 여과를 위한 삼베 보자기를 준비한다.

⑤ 참숯을 500g 정도 준비한다.

(5) 지장수 만드는 방법 (20kg 기준)

① 큰 그릇에 황토를 넣고 물을 부은 다음 1시간 정도 둔다.

② 막대기로 황토 덩이를 잘게 섞는다.

③ 또 다른 넓은 그릇에 소나무 H자 거치대를 놓고 채를 통해서 1차 여과하여 불순물을 제거한다.

④ 1차 여과된 황토 액을 항아리에 담는다.

⑤ 황토 20kg 기준 생수는 60L를 부으면 된다.

⑥ 지역적으로 생수의 품질이 좋지 않을 경우에는 참숯을 조금 넣는다.

⑦ 3~4일 후 항아리를 뚜껑을 열고 정제를 확인한 후 마시기 시작한다.

⑧ 항아리의 물을 다 먹은 후에는 2~3회 정도 반복해서 활용해도 괜찮다.

(6) 지장수 이용하기

① 암환자 또는 내장기 계통의 환자들은 지장수로 밥과 식수로 이용을 하게 되면 건강에 도움을 준다.

② 이 물을 끓이게 되면 보다 더 활성화되어 며칠간 변하지 않는 신비한 성질이 있으며, 약초 차를 끓여 오래 두고 마셔도 좋다.

③ 집에서 한약을 달일 때, 이 물을 사용하면 약 기운이 더욱 강하게 작용한다.

④ 지장수로 녹차를 달여 마시면 차 맛이 전혀 다른 차원으로 느끼게 해준다.

⑤ 콩나물찌개, 된장찌개, 생선찌개에 지장수를 사용하면 맛이 더욱

배가 된다.

⑥ 지장수로 콩나물, 녹두, 메밀, 무, 미나리 등을 재배하여 먹으면 건강에 도움을 준다.

⑦ 콩나물 재배

- 일반 콩나물에 비해 배축(胚軸)과 뿌리가 건강하고 변질이 잘되지 않으므로 맛이 부드럽다.

⑧ 미나리 재배

- 돌미나리는 옛날부터 성인병 치료와 항암제 등 민간요법으로 사용되어 왔다.

- 지장수로 돌미나리를 재배하면 개천에서 자란 것보다 월등히 맛과 약효가 좋다는 것을 느낄 수 있다.

6
휴선 자연 목욕 기법

자연과 하나 되는 행위를 피부로 체험하고 느껴보는 자연 목욕법으로 일명 휴선 천기욕(天氣浴)이라고 부르기도 한다.

(1) 목욕이란?

① 머리를 감고 몸을 청결하게 씻는 일

② 주로 몸을 깨끗이 씻으려고 목욕을 하지만 치료를 하기 위해서 또는 휴식과 즐거움을 위해서 또는 종교적인 의미에서 하기도 한다.

③ 목욕은 질병을 치료하는 데에도 효과가 크다.

④ 목욕물의 온도가 37~41도인 뜨거운 물은 근육을 느슨하게 풀어주고 피부혈관을 확장시켜 혈액순환 촉진에 도움을 준다.

⑤ 목욕은 피부의 독소를 배출시키는 기능을 해주며 15~20분이 적당하다.

⑥ 또한, 32~36도의 따뜻한 물은 긴장을 완화시키며, 24도 이하의 차

가운 물은 몸의 붓기를 가라앉힌다.

⑦ 광물질이 풍부한 온천 목욕은 몸을 치료하는데 효과적인 도움을 준다.

⑧ 특히, 산과 들에 놓인 자연 야생초를 활용하여 목욕을 하면 건강과 함께 몸을 치료하는데 도움을 준다.

(2) 생활 목욕의 형태

① 온욕

온욕은 단순히 몸을 씻어 때를 벗겨내는 것에서 끝나는 것이 아니다. 피부 세포를 확장하여 산소 섭취 능력을 길러줌은 물론 내부의 세포까지 활성화하여 신진대사를 원활하게 한다.

● **효과**
- 피부 세포와 혈관을 확장시켜 혈액순환을 원활하게 해주며 근육의 유연성을 높여 긴장을 풀어준다.
- 피부 속의 땀구멍에 쌓인 노폐물을 몸 밖으로 배출하여 피부 미용에 좋다
- 원활한 혈액순환으로 체내 산소 유입량이 증대되어 정신적으로 긴장을 해소하는데 도움을 준다.

② 반신욕

사람이 건강한 상태란 두한족열, 즉 머리는 차고 발은 따뜻하게 유지되는 것을 말한다. 하지만 각종 스트레스와 과로 등은 상반신의 체열을 높이고 하반신은 냉하게 만들어 인체의 균형을 깨뜨린다. 바로 여기에서

문제들이 생기는데 반신욕은 배꼽 아랫부분을 따뜻하게 함으로써 인체 기혈의 순환을 바로잡아 두한족열 상태를 유지케 하는 건강 목욕법이다.

- 목욕물 온도에 따른 두 종류의 반신욕
- 41~43도의 물에 몸을 담그는 방법 :
  이는 몸의 면역을 증가시켜 지방이나 혈액 속에 축척된 노폐물을 배출하는 효과가 있어 감기, 숙취 해소, 근육통 등에 좋다.

- 약간 따뜻하다고 느끼는 36~38도의 물에 몸을 담그는 방법 :
  피부 혈관을 확장시켜 피부의 혈액순환을 활발하게 하고 신경계통을 진정시킨다. 미용이나 두통, 스트레스가 많거나 불면증이 있는 경우에 좋다. 고혈압이나 동맥경화증, 심장병이 있는 사람은 이러한 온욕을 주 1~2회 하는 것이 좋다.

- 반신욕을 할 때 주의점
- 욕실 공간 온도를 23~25도 항온으로 설정한다.
- 임산부 또는 심한 운동이나 과음 후 열탕에 들어가는 것은 피해야 한다.
- 반신욕을 마친 후 5분 동안 전신을 보온한다.

③ 수족욕
- 수족은 질병을 쫓아내는 기능을 한다.
- 수욕과 족욕은 오장육부의 기혈이 막혔거나 반신욕을 할 수 없는 사람들에게 이상적인 방법이다.

- 수족욕 역시 머리와 가슴 폐부에 솟구친 혈압을 손과 발로 내리는 목적으로 한다.
- 수족욕은 서서히 오장육부의 기혈을 살려내고 혈액순환을 원활하게 만들어 가면서 건강을 찾아가는 방법이다.
- 예로부터 우리 선조들은 손발이 차가운 사람에게는 딸도 안 준다는 속담이 있다. 또 이 기능은 머리는 차게 손발은 따스하게 만들면서 심장에서 가장 먼 부분에 오랫동안 적체되어 있는 죽은 적혈구나 백혈구, 요산 등 노폐물을 정맥으로 회수케 하는 수족욕 기법이다.

● 수족욕 체험
- 사람의 체온보다 약간 높은 37~39도 정도의 미지근한 물과 대야나 족탕기를 준비한다.
- 손을 먼저 물에 넣고 발을 발목까지 물이 차게 담근다.
- 손이나 발을 지압하듯이 주무른다.
- 약 10~30분간 발을 담그면 서서히 기분이 상쾌해지고 오장육부의 기혈이 돌기 시작하면 속이 따스해지는 기분을 느끼게 되고, 서서히 머리나 팔, 얼굴, 가슴에서 땀이 나기도 한다.

● 수족욕의 원리와 효험
- 모든 병의 근원인 상반신에 혈액이 집중되어 체온이 높아지고 그에 따른 하반신은 체온이 낮아지는 상태, 즉 냉한 상태가 된다.
- 따라서 수족욕은 상반신을 차게 하고 손끝과 발끝의 관말 지역을 덮게 하여 혈액순환 장애를 초래하는 하반신 냉증에 도움을 준다.
- 두한족열 상태일 때 수축된 혈관이 열리면서 피가 부드럽게 막힘 없

이 흐르게 되어 혈압도 내려가게 된다.

④ 세발욕

머리카락은 카르텐이라는 단백질 성분으로 구성되어 있으며, 두부의 구성체로 보호하며 조절 기능을 한다.

● 세발 재료

감국 연수액, 초로바로돈(모피근을 튼튼하게), 창포풀, 측백나무, 가지 잎(발모를 튼튼하게 한다.)

⑤ 세안욕

황사가 있는 날 / 수영장을 다녀와서 / 눈이 필요할 때

- 세안수를 통해 가볍게 안구 마사지 형식으로 세척한다 .
- 거즈에 초로 액(물푸레)을 바른 후 눈 위에 가볍게 올려놓은 상태에서 눈을 감고 10~15분간 내면 세계를 생각하면서 명상을 실행해 본다.
- 민간요법 재료로는 물푸레나무(물에 24시간 불리면 청색 물이 나온다), 매자나무 껍질(안구 염증에 효능)을 활용한다.
- 민간요법의 재료를 이용할 때는 위생과 청결에 각별하게 주의해야한다.

⑥ 풍욕

바람으로 피부 모공을 숨 쉬게 하는 목욕 기법이다. 즉 피부의 온도차가 주는 효과를 인지하는 방법이다. 일명 대기 요법이라고도 한다.

● 풍욕의 원리

피부는 단순히 신체를 감싸는 용기가 아니라 그 자체로 호흡과 배설을 하는 기관이라는 정의에서 시작된다. 즉 사람은 폐로만 호흡을 하는 것이 아니라 피부로도 호흡을 하고 땀과 노폐물을 배출하는 배설 작용을 한다는 것이다. 피부를 두꺼운 옷으로 감싸게 되면 공기 호흡과 배설이 원활하게 되지 못하여 아토피, 여드름 등과 같은 질병이 악화된다. 풍욕 효과로 피부를 따뜻함과 차가움에 반복적으로 노출시켜(수축, 이완) 피부의 조절 능력을 향상시키고, 피부 호흡을 왕성하게 해주고, 따뜻함과 차가움을 견디는 면역력을 높여 주게 된다.

풍욕 방법은 가급적이면 완전한 나체가 되어 온몸을 공기에 노출하는 것이 좋으며, 풍욕의 효과를 배가시키는 방법으로는 숲 속에서 하는 것이 좋다. 치유를 목적으로 풍욕을 하는 사람은 하루 한 끼 정도 급식을 하면 좋지만 환자의 상태에 따라서 신중히 결정해야 하며, 그 상태에 따라 횟수를 조절해 주는 것이 좋다.

● 풍욕의 적절한 장소
- 소나무와 잣나무가 밀집되어 있으며, 테르펜 향기가 많은 곳을 선택한다.
- 풍욕장 주변에는 타인들의 통행이나 기타 소음이 없어야 한다.
- 풍욕장은 햇빛이 50% 정도 복사가 되는 곳이 좋다.

● 풍욕 체험 방법
- 3분간 준비 운동을 통해서 근육을 이완시켜 준다.
- 처음에는 나체로 20초간 있다가 곧바로 담요로 온몸을 감싸고 1분간 있는다. (머리만 내놓는다.)

- 다시 나체로 30초 동안 있다가 담요를 감싸고 2분간 자연 상태로 노출시킨다.
- 이런 식으로 10초씩 점진적으로 늘려 가는데, 담요를 감싸는 시간이 1분이면 노출 시간을 1분으로 하면 된다. 노출과 감싸는 시간을 1:1 비율로 실행하면 된다.

● 풍욕을 할 때 참고 사항
- 환절기에는 이불이나 담요를 따뜻한 것으로 사용하고, 몸을 감싸고 있을 때는 땀이 나지 않을 정도의 온도를 유지한다.
- 옷을 벗고 있는 동안에는 신체의 굳어진 부분을 가볍게 비벼준다.
- 식사 1시간 전에 시작하고, 식후는 30~40분 후에 시작한다.
- 목욕 전에는 상관이 없지만 목욕 후에는 1시간 이상 간격을 두는 것이 좋다.
- 원칙적으로 1일 3회이지만, 1일 1회라도 실행하면 좋다.
- 효능은 여름이나 겨울에는 거의 같다.
- 건강 관리를 할 때에는 아침과 저녁이 좋고, 증상에 따라서는 시간에 관계없이 운동해도 좋다.
- 풍욕을 실행할 때는 입을 크게 벌리고 호흡을 편하게 해야 한다.

7

약초 목욕물 만드는 방법

사람들은 일상생활에서 물을 크게 두 가지 목적으로 이용하고 있다. 첫째는 식용수로, 둘째는 세정수로 이용하고 있다. 현대 사회에서 암반수, 생수 등 식수용으로 먹는 물은 많이 개발되어 있다. 그러나 자연의 향기 약초를 이용한 세정수는 아직도 보편화가 안 되어 있는 실정이다. 우리 선조들은 질병을 예방하고 치료하는 방법 중의 하나로 약초를 우려내거나 달인 물에 목욕을 즐겨 했다. 약초 목욕을 하면 혈액순환이 좋아지고 모세혈관이 튼튼해지며 열린 땀구멍으로 피부 밑에 잠복해 있는 온갖 독소들이 빠져나온다. 약초 목욕은 중풍·근육통·관절염·신경통·허리통증 등에 도움을 주며, 특히 다이어트 및 피부 미용에 효과적이다.

(1) 족욕물

● 재료 : 약쑥 +오미자 +당귀 +둥굴레
● 만드는 방법
① 약쑥은 잎을 준비하고, 오미자는 덩굴을 준비하고, 당귀는 꼬리 부

분을 준비한다 .

② 1번의 재료를 물과 함께 솥에 넣고 잘 우러날 때까지 끓인다.

● 이용하기

① 약초 물을 족욕기에 넣고 20분간 족욕을 한다.

② 둥굴레는 한 가지만 끓여서 사용한다.

(2) 반신욕물

● 재료 : 약쑥 + 당귀 + 천궁 + 뽕나무잎 + 오갈피나무 + 느릅나무

① 약쑥은 쑥대를 포함해서 말린 것을 사용한다.

② 당귀는 꼬리 부분을 사용하되 말린 것을 사용한다.

③ 천궁은 몸통을 잘라서 사용하되 말린 것을 사용한다.

④ 뽕나무 잎은 늦가을에 첫서리를 맞은 것을 채취하여 건조시켜 놓은 것을 사용한다.

⑤ 가시오갈피 나무는 직경 1.5cm 정도 크기를 길이 20cm 크기로 절단해서 준비한다.

⑥ 느릅나무는 봄철에 껍질을 벗겨서 말린 것으로 준비한다.

● 만드는 방법

① 끓일 때 재료를 넣는 순서는 오갈피나무 줄기, 느릅나무 피, 뽕나무 잎, 천궁, 당귀, 약쑥 등을 차례로 넣는 것이 우림의 물이 효과적으로 우러난다.

② 가마솥에 준비된 재료와 물을 붓고 약물이 우러날 때까지 끓인다.

● 반신욕 이용하기

① 욕조에 약물을 붓고 반신욕을 20분 동안 실행하면서 약물을 조금씩 보충해주는 기법으로 한다.

(3) 노간주나무 목욕

6m 안팎의 높이로 자라는 상록성의 침엽수로서 가지가 무성하고 가지 끝이 처진다. 수피는 세로의 방향으로 얇게 갈라지며 금년에 자라난 가지는 푸르지만 이듬해에는 다갈색으로 변한다. 잎이 전나무 잎처럼 날카로워서 살을 찌른다. 옛날 산속에서 무술을 연마하는 사람들은 노간주나무 달인 물로 목욕을 해서 어혈을 풀고 근육과 뼈와 힘줄을 튼튼하게 하고 피로를 풀었다고 한다.

● 목욕물 만들기
① 10년 이상 된 노간주나무 가지를 잘게 쪼개서 준비한다.
② 노간주나무 800~1000g을 준비하고, 물 20L를 붓고 약물이 우려 나올 때까지 끓인다.
③ 1차 끓인 물은 목욕물로 이용하고, 다시 물을 부어서 사용하는데 나무를 300g 정도 더 넣고 끓여서 사용해도 좋다.

● 목욕물 사용하기
① 욕조에 약물을 붓고 다리와 팔을 담근다.
② 목욕물은 약간 뜨겁게 하는 것이 좋다.
③ 관절염, 통풍, 뼈마디가 아픈데 등에 도움을 준다.

(4) 솔잎 술 목욕

솔잎 대신 잣나무 새순이나 잣나무 어린잎을 대신 써도 좋다. 솔잎의 송진 성분이 털구멍을 따라 피부 속으로 들어가서 뼈와 근육을 튼튼하게 하는데 도움을 준다.

● 솔잎 술 만들기
① 5~6월에 소나무의 새순이나 어린잎을 채취하여 잘게 썰어 준다.
② 항아리에 담고, 35도 이상 되는 소주를 솔잎의 양과 같은 양으로 넣는다.
③ 항아리 입구를 잘 봉하여 따뜻한 아랫목에 2~3개월 두면 향기 좋은 솔잎 술이 된다.

● 솔잎 술 목욕물 이용하기
① 목욕물에 솔잎 술 1L쯤을 풀어놓고 그 속에 들어가 목욕을 한다.
② 하루에 한 번씩 한 달가량 솔잎 목욕을 계속하면 살결이 깨끗해지는데 도움을 준다.
이런 과정으로 만든 솔잎 술은 목욕용이므로 마시지 않도록 한다.

(5) 산후 조리 온욕물

● 재료 : 약쑥 + 천궁 + 뽕잎 + 다름나무 + 도꼬마리
● 만드는 방법
① 약쑥, 천궁, 뽕잎 등은 반신욕 재료 준비 방법과 동일하게 한다.
② 다름나무는 껍질을 벗긴 후 말려서 7cm 정도 크기로 절단한다.

③ 도꼬마리는 채취해서 건조시킨 후 사용한다.

④ 가마솥에서 끓이는 순서는 다름나무 껍질, 도꼬마리풀, 뽕잎, 약쑥, 천궁의 순서대로 넣고 끓인다.

⑤ 끓이면서 약물이 잘 우러났는지의 판단은 시각과 냄새로 결정한다.

● 출산 후 온욕하기

① 산후 조리 온욕은 특별한 목욕 요법에 해당된다.

② 산후 조리 온욕을 할 때는 궁궁이탕(당귀와 천궁)을 한 잔 마시고 입욕에 임한다.

③ 몸에 좋은 약초물이기 때문에 온욕의 순서에 입각해서 실행하는 것이 산후 조리의 관건이 된다.

④ 입욕장 실내 온도는 22~25도를 항온으로 유지해야 한다.

⑤ 온욕 후에 5분 동안 큰 타월을 이용해 몸의 온도를 유지해 준다.

※ 위와 같은 목욕 기법과 목욕물 만드는 기법은 필자가 개발해서 1993년부터 민간요법으로 이용하고 있다.

(6) 게르마 베스 입욕제

게르마 베스는 게르마늄이라는 광물질을 이용하여 목욕물에 사용을 할 수 있도록 만들어진 수용성 입욕제이다. 게르마 베스 수용성 입욕제(水溶性 入浴劑)는 사람의 생체 전류(生體電流)를 활성화 작용을 하는 양질의 원적외선과 물 분자를 6각(角) 고리구조의 생성 작용(生成作用)을 하는 게르마늄 파우더이다. 게르마 베스 입욕제는 담수탕과 해수탕에서 사용이 가능한 두 종류의 소재가 있다.

① 수용성 입욕제 1

수용성 입욕제 1을 담수 온탕(淡水溫湯)에 얇게 뿌려주게 되면 5~6분 안에 모두 침전되면서 일부는 물 성분으로 용해(溶解)되고, 나머지는 바닥에 반 용해 상태로 뜨게 되며, 24시간 후에는 고급 크림과 같이 용해된다. 또한, 목욕탕 속에 공급되는 욕조용 물결과 사람이 욕탕에 들어가 움직이게 되면 물결의 움직임으로 인하여 바닥의 반 용해 상태에 있던 입욕제는 욕탕 표면으로 부상(浮上)해서 파우더 알갱이가 피부와 직접 접촉하게 된다. 그리고 각 알갱이들로부터 방사(放射)되는 원적외선이 피부로부터 40mm 내외까지 피부 속으로 들어가서 사람이 자연적으로 가지고 있는 생체 전류와 함께 진동 작용[共鳴共振]을 함으로써 체질이 산성(酸性)으로 기울어진 사람의 체액을 약알칼리성 체액으로 환원 작용(還元作用)을 시켜주게 된다.

게르마늄원소의 파우더는 욕조의 물을 6각 고리구조의 물로 환원시키고, 시간이 흘러갈수록 6각 고리구조의 물 분자를 증가시켜 그 존재 비율을 증가시킬 뿐만 아니라 사람의 생체 세포조직 표면에 직접 접촉되면서 피부에 존재하는 물 분자[體液]를 6각 고리구조의 물 분자로 환원시켜주게 된다. 또한, 물 성분으로 용해된 수용성 규산이온과 수용성 게르마늄이온이 땀샘과 모공으로 스며들어 가서 피부세포를 활성화시키고 동시에 생체 전류를 높이고 혈액의 선순환을 도와 몸의 건강을 되찾게 하는 도움을 준다.

② 수용성 입욕제 2

수용성 입욕제 2를 해수 온탕에 뿌려주면 2~3분 안에 모두 침전되며, 피부에 따끈따끈한 자극을 주고 피부에 빠른 온열 효과를 주며 담수용 입욕제와 동일한 효과를 얻는다.

위의 기능을 게르마 베스 전신 온열요법(全身溫熱療法)이라고 한다.

● 사용할 때 주의 사항

① 수용성 입욕제 2의 해수용 입욕제 파우더를 얼굴에 바르는 팩용으로는 사용하지 않아야 한다.

② 입욕제 2의 해수용 입욕제를 직접 전신에 바르고 한증탕이나 뜨거운 황토 찜질방에 들어가게 되면 피부를 상할 수 있으니 사용하지 않도록 한다.

한편, 수용성 입욕제 파우더는 무기질(無機質)로서 절대로 부패하는 경우가 없다. 오히려 주위의 부패한 물질에서 풍겨 나오는 악취(惡臭)를 제거하고, 부패한 물 분자를 다시 소생시키는 작용을 하고, 토양에 유출된다 하더라도 산성화된 흙과 물 분자를 약알칼리성으로 환원시키는 작용을 하는 친환경 물질로 농작물 생육을 촉진한다. 수용성 입욕제 물을 화초를 심은 토양에 뿌려주어도 생육이 촉진된다. (게르마 베스는 휴선문화연구원에서 개발한 상품이다.)

8

휴선 건강(氣)방 만들기

　인간은 왜 건강을 지켜주는 기능성 온돌방을 필요로 하는가.

　일일 생활 중에서 수면 시간에 1/3을 보낸다. 때문에 쾌수면을 취하는 것은 오복 중에 하나라고 볼 수 있다.

　쾌수면을 위한 건강방을 만들기 위해서는 광물질이라는 소재가 필요한데

　이 중에서 생활 속에 가장 많이 이용하는 광물질이 황토이다.

　필자는 황토 건강방을 연구하며 만들어서 활용을 해온지도 벌써 25년이 되었다. 황토건강방의 기능을 알아본다.

(1) 황토란?

　황토는 대륙의 반건조 지역에 쌓인 풍성토로서 지구표면의 약10%를 덮고 있으며, 우리나라의 황토는 백악기 말엽을 전후하여 지각변동 등에 의해 형성된 화강암과 편무암, 운모, 석영, 맥반석과 같은 광물질이 철분

과 함께 산화작용 및 풍화작용에 의해 다채로운 색상을 띤 토양층을 이루게 되었다.

황토는 표면이 넓은 벌집구조로 수많은 공간이 복층구조를 이루고 있다.

이 스폰지 같은 구멍 안에는 원적외선이 다량 흡수, 저장되어 있어 열을 받으면 발산하여 다른 분자활동을 자극한다. 즉 황토는 유수한 세월 동안 태양에너지를 흡수하고 있는 규소광물질로서 쉽게 말해 태양에너지 저장고라고 할 수 있다.

우리나라의 황토로는 연황색 퇴적물로서 황색토와 적색토가 있다.

(2) 황토건강방 만들기

● 재료 준비

① 황토벽돌은 압축기를 이용하여 사출시킨 규격의 벽돌로 준비한다. (압출식 벽돌은 태양과 빗물로부터 침식과 내구성이 강하다.)

② 소나무와 낙엽송은 구조물 부분별로 규격화시키어 정재로 준비한다. (건물 주 기둥으로 소나무가 없으면 낙엽송으로 준비를 해도 좋다.)

③ 아궁이를 사용하면 구들장은 열과 내구성이 강한 편운모의 기능을 갖춘 구들장석으로 준비를 한다.

④ 침실 바닥 흙 장판용으로 부드러운 황토 흙을 준비한다.

⑤ 흙 장판 크랙방지용 실크(pvc)네트를 준비한다.

⑥ 들기름은 맑은 것으로, 찹쌀 풀 또는 우뭇가사리는 농도를 부드럽게 한다.

⑦ 미장용 모래, 볏짚은 잘게 썰어서 준비한다.

⑧ 출입문은 편백(스기목)나무로 된 문을 준비하는 것이 좋다.

⑨ 황토분말 및 셀레사이트 분말을 준비한다.

● 시공 방법

① 건강방의 크기는 15㎡ 기준으로 하되 크기는 주인이 결정한다.

② 평면의 형식은 팔각형과 직사각형이 있는데 가급적이면 팔각형을 권하고 싶다.

③ 출입문은 800＊1700mm로 하고 측면 창문 크기는 가로100＊세로 600mm의 크기로 한다.

④ 건물 구조가 8각형이면 각각의 지점에 나무기둥을 세우고 건강방의 골격을 갖추고 나무와 나무 사이에는 황토 벽돌을 쌓는다.

⑤ 천정부분은 황토를 붙이되 찰쌓기 형식으로 해서 흙을 올리는 방식으로 시공을 한다.

⑥ 건강방 벽면 및 천정 등의 내부의 골격 작업이 끝났으면 표면에 셀레사이트 분말과 황토 분말이 섞인 액성분을 표면에 도포를 해준다.

⑦ 건강방 내부에 기능성 도포 작업이 마무리되면 다음은 장판을 시공한다. 장판은 흙 장판 형식으로 시공하는데, 처음에는 구들장 위에 순도 100%의 황토를 1차로 미장을 한다.

⑧ 1차 평면 미장을 하고 3일 뒤에 2차 평면 미장을 할 때 모시 또는 실크네트를 바닥에 깔고 그 위에 황토로 미장을 한다.

⑨ 2차 미장 뒤 3일 뒤에 3차 미장을 한다. 3차 미장을 할 때에는 황토+모래+찹쌀 풀을 섞어서 평면 미장을 정밀하게 시공한다.

⑩ 장판을 시공할 때 2차 평면 미장부터는 아궁이에 불을 넣어 가면서 시공을 해야 경화시간의 단축과 내구성을 좋게 한다

⑫ 3차 평면 미장 시공이 끝나고 표면이 잘 경화가 되었다고 판단이 되

면 장판 평면 위에 들기름을 도포한다. 들기름 도포는 10회 정도 한다.

⑬ 장판 표면에 들기름을 도포할 때에는 바닥이 따끈할 정도로 온도를 높여주어야 한다.

⑭ 위와 같은 순서에 의해서 잘 시공이 되면 휴선 건강방의 기초 모델이 된다.

(3) 잠자리의 기능

① 황토 건강(氣)방의 장판은 흙 장판이므로 자연에너지가 가득 담겨 있다.

② 가급적이면 장판과 피부가 접촉이 가능한 침구류를 준비한다.

③ 바닥에는 모시로 된 메트리스를 갈고 속옷만 입은 채 취침자리에 든다.

④ 건강방에서 하루 밤을 자고나면 피로 회복, 스트레스 해소, 숙취 해소 등에 도움을 준다.

9

테르펜 흡기 체험장 만들기

현대인들은 왜, 맑은 산소를 원하고 있는가? 필자는 원시림의 신선한 정기를 마시는 기법을 오래전부터 연구해왔다. 우리 몸속에서 필요로 하는 산소의 기능은 다음과 같다.

산소는 화학적으로 대사화학반응과 물리적으로는 엔트로피 증가와 감소를 시키는 작용을 한다. 그러므로 생체에서 필요로 한 산소를 흡입하는 것은 건강에 있어 매우 중요한 기능을 한다고 볼 수가 있다. 또한 음식물과 산소는 궁합이 맞아야 소화와 흡수에 있어서 완벽하게 조화가 이루어졌다고 할 수 있을 것이다.

생체에 있어 건강의 우선순위는 혈액순환이고 선순환의 고리구조가 원활하게 작용을 잘하느냐 못하느냐가 세포 활성화 차원에서 많은 영향을 미치게 된다. 때문에 생명을 연장하는 장수조건으로 엔트로피를 늘리고 줄이는 조절기능에 따라 다르다고 생각한다. 산소 호흡기법이란 공기 중에 있는 산소를 마심에 있어 필터링기법과 숲의 향기를 마시는 기법, 두 가지의 방법이 있다.

한 가지는 일상생활 속에서 자연의 산소를 마시는 방법이고, 다른 한 가지는 산림 속에서 소나무, 잣나무를 이용한 테르펜의 정기를 마시는 기법이 있다. 피톤치드 테르펜 흡기 체험장을 창작하여서 일반인들에게 선을 보인지도 벌써 10년이라는 시간이 지난 듯싶다. 순회 강의를 통하여 여러 차례 소개를 한 적이 있는데, 많은 사람들이 관심과 함께 만들어 보고 싶다고 해서 간단하게 소개하고자 한다.

테르펜 체험은 사람들이 향기를 직접 마시는 과정이기 때문에 기술을 필요로 하며 장점과 단점이 발생된다.

① 장점으로는 소나무와 잣나무의 잎에서 발산이 되는 향기를 가까운 곳에서 원하는 양을 마시며 감성적으로 느낄 수 있다는 것이다.

② 단점으로는 솔잎과 잣나무 잎을 자주 교환을 해주는 것이 불편한 점이다. 테르펜 체험장은 천연물의 기능을 생리작용을 체험해보는 프로그램이기 때문에 현장에서 사용할 때는 특별한 관리가 요구된다.

(1) 테르펜 체험장 시공 재료

① 소나무와 잣나무의 나무토막과 가지와 잎을 준비 한다.
② 갈대와 볏짚을 잘 다듬어서 준비한다.
③ 철골 하우스대의 종류, 철골각 파이프류, 철 그물망
④ 이온초로 볼 하우징, 모시 면포막. 비닐막
⑤ 게르마늄 원석, 셀레사이트 원석, 흑운모 원석, 황토 질

(2) 테르펜 체험장 장소 선택

① 방향은 남향으로 하며 일조량이 많을 것
② 출입문은 남향으로 설치할 것
③ 체험장 주변은 활엽수보다 침엽수(소나무, 잣나무)가 많은 곳을
 선택할 것
④ 계곡 또는 물소리가 많이 나는 곳 을 선택
⑤ 자연풍과 계곡바람이 작은 곳을 선택
⑥ 사람들의 통행이 작은 곳
⑦ 우천 시 배수가 용이한 곳

(3) 테르펜 흡기 체험장 시공 방법

① 기초 토목 작업을 한다. 지면으로부터 지하로 30~50cm 정도 깊이를 굴착한다. 그리고 원석으로 기반을 다진다.
② 1번 작업 후 지상에서 25cm 높이 정도로 콘크리트를 타설한다.
③ 2번 작업 후 4개의 기둥을 시작으로 반타원형의 골격을 형성한다.
④ 3번 작업 후 2차 공정으로 철망을 골격상부에 덮는 작업을 한다.
⑤ 2차 공정 후 3차 공정으로 철망 위에 솔잎, 잣잎을 20~30cm 정도 씌운다.
⑥ 3차 공정 후 4차 공정으로 비닐 막을 이용한 방수막 작업을 한다.
⑦ 4차 공정 후 5차 공정으로 볏짚이나 갈대 잎으로 덧씌운다. 위와 같은 공정이 끝나면 외장공사는 마무리되었다고 볼 수 있다.
⑧ 5차 공정 후 6차 공정으로 실내 천정공정을 실행한다. 철망(닭망)과 솔잎 사이로 이온초로 볼 하우징을 장착한다. 이온초로 볼 하우징 간격

은 30~50cm로 한다.

　⑨ 6차 공정 후 7차 공정으로 바닥의 장판 작업을 한다.

　장판 1차 공정은 순수한 황토와 약초와 숯가루를 첨가하여 20cm 정도를 도포하면서 다진다.

　⑩ 3일 정도 양생을 시키고 장판 2차 공정을 한다. 재료는 게르마늄 원석을 포함한 약초를 희석해서 미장을 한다.

　⑪ 장판 2차 공정 후 3일 정도 양생시킨 후 장판 3차 작업을 시작한다. 장판 3차 공정은 천연 소재로 하되 미세 몰탈을 만들어서 천천히 미장을 하는 것이 차후에 균열이 작게 되는 우수한 방법이 된다.

10
게르마늄 산양삼

산양삼이란, 깊은 산속에서 자연 방림한 상태로 자란 천연 산삼 또는 야생 산삼과 산양삼 씨앗으로부터 5대 이상을 거친 산양삼 씨를 받아 직접 파종하거나 묘삼을 심어 재배한 것을 산양삼이라고 한다. 특징으로는 약효나 모양이 자연산 산삼과 비슷하고 생육 조건이 까다로우며 성장 속도도 매우 느린 식물이다. 초본식물 중에서 가장 장수하는 식물로 알려져 있으며 잔뿌리가 잘 발달되어 있고 생육 환경에 따라 그 형태 및 크기가 매우 다양하다.

(1) 게르마늄이란?

원자번호 32, 원자량 72.59의 게르마늄은 금속이 아닌 아금속(亞金屬) 원소로 흙 속이나 식물에도 함유되어 있다. 게르마늄은 32개의 전자를 가지고 있어 이물질과 만나면 제일 바깥쪽의 4개의 전자 중 하나가 튀어나가며, 그 튀어 나간 빈자리는 포지티브 홀(positive hole)이라는 +로 하전(荷電)된 일종의 함정이 생겨 밖에서 그곳을 다른 전자로 메꾸려는 현상이 반복적으로 생기게 된다. 생체는 보는 관점에 따라서는 전기의 극초미립자(極超微粒子)의 응집체라고 할 수 있다. 각 기관, 각 부분은 각각 고유의 응집체로서 기능하고 있다. 이 때문에 각 부분은 정해진 전위(電位)가 있고 그 전위가 뒤틀린 것이 질병이 된다. 뇌파측정기나 심전도(心電圖)는 이 전위의 변화를 측정함으로써 장애를 찾아내는 기기이며, 이 뒤틀린 전위를 바로잡는데 게르마늄이 부분적으로 역할을 한다.

(2) 게르마늄의 작용

인간이 살아가기 위해서 음식물을 먹는다. 흡수되지 않은 것은 대변으로 배설되지만 소화기관에서 흡수된 것은 여러 가지 과정을 거쳐 산소에 의해 체내에서 연소되며, 최후로 탄산가스(CO_2)와 물(H_2O)이 되어 체외로 배설된다. 즉 가스 상태의 탄소는 산소와 결합되어 탄산가스로서 호기(呼氣)에 의해 몸 밖으로 나오며, 또 하나의 가스인 수소이온(H proton)은 산소와 결합되어 물로 땀이나 소변으로 배설된다. 이때의 수소는 양이온으로 생체 내에서는 전혀 쓸모가 없으며 오히려 해가 될 뿐이다. 이 수소가 많을 경우 체질이 산성화되며, 이 척도를 pH라고 한다. (pH란 수소이온 농도를 나타내는 기호이다.)

수소이온은 신체를 산성화시켜 모든 병의 원인이 되는데, 이 수소이온을 중화시키는 것이 산소이다. 수소에 산소가 결합되어 물(H_2O)이 되어 몸 밖으로 배설되는데 수소량이 많을수록 중화에 필요한 산소의 양도 많이 요구된다. 이런 경우 게르마늄을 투여하면 산소 대신 수소와 결합하여 배설되기 때문에 몸 안의 산소가 낭비되지 않고 기능 회복에 도움을 주게 된다.

또한, 게르마늄은 수면과 창조적 활동에 도움을 준다. 현대인은 누구나 다 그렇지만 특히 창조적인 활동에 종사하는 사람들은 시간에 쫓기고 또 조용한 밤 시간을 이용하게 되어 절대 수면 시간이 부족하다고 생각한다. 이때 뇌에 대한 산소 공급이 충분하면 짧은 시간일지라도 숙면이 가능하나, 산소 공급이 부족하면 숙면이 불가능하게 되어 자고 나도 개운치 않다. 학자, 연구원, 수험생, 작가같이 두뇌를 혹사하고 있는 사람은 보통사람보다 훨씬 많은 양의 산소를 대뇌 속으로 보내주지 않으면 좋은 아이디어나 창조적인 활동을 기대하기 어렵다. 이 때문에 대뇌 산소를 공급해 주는 도우미로서 유기 게르마늄이 필요하게 된다. 직접적으로 산소의 대역을 하는 것 말고도 혈액의 산성도와 점조도를 낮추어 혈액순환을 도와 뇌로 향한 혈류량을 늘려주기 때문에 간접적으로는 산소의 공급량을 늘리는 셈이다.

우리 몸에 게르마늄 성분이 왜 필요한지는 앞에서 이론을 통해서 이해가 되었으리라고 생각한다. 그렇다면 게르마늄 성분을 어떻게 섭생할 것인가를 놓고 고민을 해보았다. 그래서 접목을 하게 된 식물이 산양삼이다.

토륨과 게르마늄 파우더를 이용한 농작물 재배 방법을 소개한다. (특허 제10-0663153호)

(3) 이산화게르마늄 용액

● 만드는 방법

① 본 연구에서는 물 10L당 이산화게르마늄 10g을 용기 안에 넣고, 기포 발생기를 이용하여 마찰을 일으키게 하는 기술을 말한다.

② 실험기구에 의한 실험 과정을 보면 이산화게르마늄의 원자, 분자,

전자들이 화학적인 운동 변화가 시작된다.

③ 위와 같은 과정을 통해서 물의 용매 작용으로 녹는 점에 도달한다.

④ 물체의 마찰 에너지가 상승함에 따라 그 물체 내의 원자 진동은 점점 활발해진다.

⑤ 원자의 이와 같은 진동 운동은 원자의 질량과 인접되어 있는 원자 사이의 결합력에 의해 제한을 받는다.

⑥ 이를 녹는점이라 한다.

⑦ 녹는점은 물질에 따라서 다르다는 것은 원자의 진동이 원자의 질량과 원자와 원자 사이의 결합력에 의존한다는 사실로 이해될 수 있다.

⑧ 이는 물의 기포 마찰과 물의 용매 작용으로 이산화게르마늄 미세 입자를 복합적으로 녹는점에 도달하게 해준다.

● 이산화게르마늄 용액 이용하기

① 산양삼 밭에 게르마늄 용액을 분무기를 이용해서 뿌려준다.

② 분무를 할 때는 기계에 의한 고압 분무 방식이 아닌 수동 저압 분무 방식을 택한다.

③ 산양삼 잎에 고루고루 닿도록 살펴가면서 분무한다.

④ 목화밭에도 게르마늄 용액 시비를 산양삼처럼 같은 방법으로 한다.

(4) 게르마늄 산양삼 이용 방법

① 산양삼은 매년 여름 처서가 지난 후에 산에서 직접 캐서 섭생을 하는 것이 바람직하다. (처서: 식물들이 담고 있는 수분이 줄기에서 뿌리로 이동하는 시기를 말한다.)

② 산양삼을 구증구포의 과정을 통해서 홍삼으로 만들어서 섭생한다.

③ 산양삼을 가공식품 원료 및 식당의 음식재료로 사용한다.

④ 휴선체험원에서 약선 음식 프로그램으로 이용한다.

(5) 게르마늄 산양삼의 특징

① 인삼은 비중이 무겁다.

② 일반 인삼의 경우 수삼을 생으로 먹으면 씹는 질감이 서벅서벅하지만, 게르마늄 산양삼을 생으로 먹으면 씹는 질감이 딱딱하다. (마치 밤을 씹는 소리와 같다.)

③ 게르마늄 산양삼을 홍삼으로 만들어 액즙을 짜면 일반 삼에 비해 양이 많이 나온다.

④ 게르마늄 용액으로 인삼을 재배하면 총 사포닌(진세노사이드) 성분이 최소 10 ~ 300% 더 함유한다.

⑤ 액성으로 재배한 산양삼은 게르마늄 성분이 일반 인삼보다 30~100배 정도 더 함유한다.

(6) 산양삼과 목화솜에 응용한 사례

산양삼에 게르마늄 수용액을 시비하는 방법으로 재배하면 인삼의 주성분인 사포닌(진세노사이드) 성분이 최소 2배에서 3배를 함유하게 될 뿐 아니라 항암 치료 성분인 Rg-3 성분이 최소 4.5~ 8.8배 함유한다는 사실이 밝혀졌다. 위와 같은 시험 결과는 2003~2012년까지 10년간의 재배 실험에서 얻어진 결과이다. 산양삼과 목화는 현재 재배되고 있으며, 게르마늄 산양삼은 자연 건강식품으로 수삼과 홍삼을 만들어서 시판 중에 있으며, 목화는 의류 분야 접목을 위해 연구하고 있다.

참고문헌

강하영(2003) '《피톤치드의 비밀》' 역사넷

자연이 주는 행복
natural happiness

작사 : 조명상
작곡 : 조정민

아 ― ― ― 산이로구나　자연 에 살으리랐다.

천 년 이 살아숨쉬는　원 시림의 정기마시며

맑은 공기　자연 치유　푸른숲에서

자연 이 주는행복을　휴선과함께누리자

자연에서느껴보자휴선지혜 맑은공기행복하다 국민행복

휴 선 과하나되어　자 연속으로

자연이 주는 행복

초판 1쇄 인쇄　　　2014년 4월 3일
초판 1쇄 발행　　　2014년 4월 8일

지은이 | 조명상
펴낸이 | 박정태
편집이사 | 이명수　　감수교정 | 정하경
책임편집 | 김안나　　편집부 | 전수봉, 위가연
마케팅 | 조화묵, 고범석　　온라인마케팅 | 박용대, 김찬영

펴낸곳　　　BOOK★STAR
출판등록　　2006. 9. 8. 제 313-2006-000198 호
주소　　　　파주시 파주출판문화도시 광인사길 161
　　　　　　광문각 B/D 4F
전화　　　　031)955-8787
팩스　　　　031)955-3730
E-mail　　　Kwangmk7@hanmail.net
홈페이지　　www.kwangmoonkag.co.kr

ISBN　　　　ⓒ2014, 조명상
　　　　　　978-89-97383-30-6　03100
가격　　　　12,000원